뇌가 섹시해지는 추리 퀴즈 1단계

초급자를 위한 추리지수 높이는 10분 두뇌 게임!

팀 데도풀로스 지음
박미영 옮김

당신의 추리지수는 얼마일까?

비전코리아

퀴즈나 퍼즐 풀기는 실로 오래된 인류 공통의 오락거리다. 우리가 아는 모든 문화권에서 여가 시간에 문제 풀이를 하고 있으며, 고고학자들은 문명 초창기부터 퀴즈와 퍼즐이 있었다는 기록과 흔적을 발견했다. 지성을 이용하여 문제를 푸는 것은 우리 인류를 지금에 이르게 한 독특한 특성이므로, 그것이 우리의 기본 속성이라고 말해도 전혀 이상한 일이 아니다.

또한 두뇌를 계속 활용하는 것은 매우 좋은 일이기도 하다. 최근의 과학적인 연구로 우리가 오랫동안 짐작으로만 생각해 오던 것이 확인되었다. 즉 육체적 힘과 마찬가지로 정신적 능력역시 쓰지 않으면 퇴화한다는 것이다. 정신을 더 활발하게 유지할수록, 노화로 인한 인지적 퇴행이 줄어든다. 매일 퀴즈나 퍼즐을 풀면 정신 건강을 유지하는 데 진짜 도움이 된다!

이 책에 실린 추리 퀴즈는 약간 특별하다. 각 사건마다 여러 명의 인물들이 등장하는데 그중 한 명 또는 그 이상의 인물들이 거짓말을 할 것이다. 범인을 밝혀내기 위해 알아야 할 '사실의 불일치'나 '말이 되지 않는 상황' 등은 이야기 속에 전부 제시되어 있다. 여러분은 그 속의 허점을 밝혀내 범인을 잡아야 한다.

초급 단계인 이 책에 나오는 이야기는 짧고 허점도 분명하다. 하지만 후속 작품인 고급 단계 퀴즈에는 조금 더 복잡한 사건들이 실려 있다. 증거는 덜 분명하며, 사건은 좀 더 복잡하다. 하지만 필요한 단서는 전부 나와 있으며 또한 여러분을 더 노력하게 만들기 위한 레드 헤링(red herring, 중요한 것에서 사람들의 주의를 딴 데로 돌리기 위한 것이나 혼란을 유도하기 위한 장치)도 들어 있다.

퀴즈를 풀기 전 이야기를 풀어나갈 우리의 탐정들을 소개하겠다. 명성 높은 이그네이셔스 '패딩턴' 파나키 경감, 추리광 메리 밀러와 건축가 올리버 제임스다. 이들이 각 이야기마다 등장해 여러분이 사건 뒤에 숨겨진 진실에 접근하도록 도울 것이다.

즐거운 추리가 되기를!

팀 데도풀로스

조류협회 회원, 홍차 애호가로 고양이 오브리를
키운다. 미스터리에 엄청난 열정을 보이는 추리광.

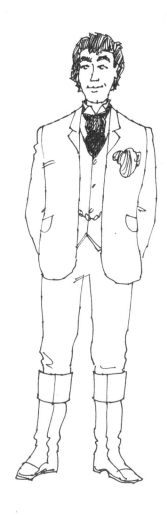

관찰력이 뛰어나며 사소한 것에서도 단서를 잘 찾
아내는 건축가. 특기를 살려 친구들을 돕는다.

사건 해결률이 높아 큰 명성을 얻고 있는 현직 경
감. 사람들의 거짓말을 간파해내 범인을 잡는다.

❶ 먼저 사건 이야기를 주의 깊게 읽는다.

❷ 특히 용의자들의 진술 중 상황에 맞지 않거나 사실이 아닌 것

   을 가려내기 위해 노력해야 한다.

❸ 다 읽었는데도 모르겠으면 힌트를 보고 다시 한 번 생각해본다.

❹ 이 책에 나온 탐정이 범인인 경우는 없다.

중요한 것은 두뇌를 조금이라도 더 활용하도록 하는 것이다.
절대 해답을 먼저 읽어서는 안 된다.

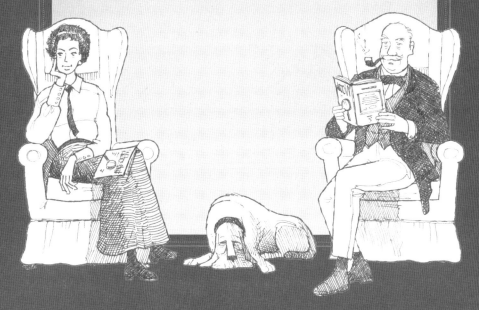

CONTENTS

한밤중 보석상 도난사건
The Gem Shop

보석상점의 칠이 벗겨진 간판에는 '볼드윈&선즈'라고 써 있었고, 그 아래 적힌 연도대로라면 개업한 지 30년이 넘었다. 창문 쪽 진열 선반에는 아무것도 남아 있지 않았고 문은 이상한 각도로 뒤틀려 있었다. 그 상점의 출입문 앞에 따분한 표정의 경관이 서 있었다. 파나키 경감이 다가가자 경관은 자세를 바로 하고 척 하니 거수경례를 했다.

"안녕하십니까, 경감님."

파나키 경감은 예의바르게 고개를 끄덕했다.

"누구 가게에 드나든 사람은 없고?"

"제가 온 이후로는 없습니다."

"잘했네."

가게에 들어서니 도둑이 휩쓸어간 흔적이 훨씬 더 분명했다. 상당수의 선반에 억지로 연 흔적이 보였고 바닥과 유리 카운터에는 온통 빈 보석 받침대가 널려 있었다. 혹시 남은 귀금속이 있다 해도 적어도 바로 눈에 띄지는 않았다.

큰 키에 침울한 표정의 한 남자가 그 난장판 한가운데에 서 있었다. 잘 차려입었지만 매무새가 상당히 흐트러져 있었고, 이마 한쪽엔 꽤나 심한 멍도 들었다. 파나키 경감은 곧장 남자에게로 향했다.

"헨리 볼드윈 씨?"

경감의 물음에 남자가 고개를 끄덕였다.

"파나키 경감입니다."

헨리 볼드윈은 놀란 기색이었다.

"패딩턴 파나키요? 경감님, 명성은 많이 들었습니다."

"어떻게 된 일인지 직접 말씀해주시겠습니까?"

헨리 볼드윈은 고개를 끄덕였다.

"어젯밤 혼자 가게를 닫던 중이었습니다. 가끔은 직원 한 명이 남아서 돕기도 하는데 둘 다 얼른 퇴근하고 싶어 해서요. 직원들 이름은 **알렉 카뒤**와 **스콧 베네딕트**입니다. 여기 주소 있습니다."

"먼저 어젯밤 사건 설명부터 부탁드립니다."

"죄송합니다. 아직 좀 정신이 없네요. 귀금속들을 다 집어넣고 자물쇠를 채우고…."

헨리 볼드윈은 텅 빈 선반들을 가리켰다.

"…불을 끈 다음 방범 셔터를 내리기 위해 막 문을 열었던 참이었죠. 그때 높은 모자를 쓴 시커먼 형체가 가게로 뛰어들더니 저를 확 밀쳐버리지 뭡니까. 저는 비틀거렸고, 그러자 놈이 무슨 곤봉 같은 걸로 제 머리를 쳤어요. 얼굴을 제대로 보진 못

했습니다. 너무 컴컴해서. 아무튼 저는 쓰러졌고 바닥에 뒤통수를 호되게 부딪쳤죠. 정신이 하나도 없었습니다. 선반 문이 부서지는 소리를 희미하게 의식하긴 했어요. 나중에서야 놈이 받침대를 꺼내서 내용물을 모조리 비단

천주머니에 쏟아 넣은 걸 알았죠. 어쩐지 다 토막토막 끊어진 느낌입니다. 아무래도 잠시 정신을 잃었던 모양이에요. 깨어나 보니 이미 환하더라고요. 습격당한 걸 떠올리고 주위를 둘러보고는 죄다 털린 걸 발견해 경찰에 신고했죠. 그게 한 시간 반 정도 전 일입니다."

파나키 경감은 고개를 끄덕였다.

"아까 직원들 얘기를 하셨죠?"

"내부자 소행 같아서요. 사흘 전에 새로 물건을 들여온 것도 있고, 어쨌거나 그런 식으로 들이닥칠 타이밍을 정확히 가늠하려면 제 생활 패턴을 꿰고 있어야 하니까요. 둘 중 누가 그랬을지 모르겠지만 둘 다 체구는 그놈이랑 비슷해요. 알렉은 새로 사귄 여자친구가 있고 스콧은 카드놀이를 즐기죠."

"걱정 마십시오, 볼드윈 씨. 범인이 누군지 벌써 알았습니다."

"정말요?"

파나키 경감은 엄숙하게 고개를 끄덕였다.

Hint

도둑은 누구일까? 파나키 경감은 어떻게 알았을까?
증언

헨리 볼드윈은 어두운 가게 안에서 머리를 얻어맞고 정신
이 가물가물해졌다고 했다. 그럼 도둑이 비단 천주머니를
썼다는 걸 어떻게 알았을까? 거짓말임이 분명하다. 추가로,
정말 몇 시간 동안 의식을 잃을 만큼 세게 얻어맞았다면 훨
씬 심각한 상태로 병원에 입원해 있어야 할 것이다. 헨리 볼
드윈은 보험금을 노리고 보석들을 도난당한 척 꾸미고, 무
고한 직원들에게 혐의가 돌아가기를 바란 것이다.

서재의 시체
The Body in the Study

윌리엄 허버트 대령이 어느 날 아침, 칼에 목을 찔려 죽은 채 서재에서 발견되었다. 혐의는 바로 집안사람들에게로 쏠렸다. 집 어디에도 외부에서 침입한 흔적이 없었고, 대령은 공적으로 적을 만들 만한 사회 활동은 하지 않았기 때문이다. 경찰의 면밀한 조사가 이어지자 대령의 여동생 **비비안 허버트**는 미스터리물에 엄청난 열정을 갖고 있고 추리하기가 취미인 친구 메리 밀러에게 상담을 청했다.

"문제는 말이야."

비비안이 말했다.

"경찰이 집안사람들을 주시하는 게 꽤나 그럴 만하다는 점이야. 윌리엄 오빠는 지역 사회에서는 믿음직한 기둥이었지만 집

안에서는 상당히 거칠었거든. 정말 사소한 일에도 노발대발 난리도 아니어서 다들 오빠를 두려워했지. 오빠는 또 나한테 관심을 보이며 다가왔던 남자들을 모조리 쫓아버렸어, 심지어 내가 꽤 마음에 두었던 한두 명까지도. 만약 범인이 밝혀지지 않으면 내가 감옥에서 여생을 보내게 되지 않을까 걱정이야."

그래서 밀러 양이 집안사람들 전원과 한 번에 한 명씩, 그 운명적인 저녁에 대해 이야기를 나눠보기로 했다.

"너부터 시작해야겠어, 비비안."

메리 밀러가 말했다.

"나?"

비비안은 충격을 받은 표정이었다.

"달리 누가 더 좋겠니?"

"그렇겠지."

비비안은 한숨을 쉬었다.

"좋아. 일단 좀 앉으렴. 홍차? 싫어? 알겠어. 그래, 어떻게 된 일이야?"

"음, 너도 대부분은 알고 있겠지. 오빠는 월요일 밤에 서재에서 서류를 처리하고 있었어. 나는 오빠를 두고 열 시쯤에 자러 올라갔지. **메이드 소피**가 다음날 아침 일곱 시가 좀 넘어서 서재를 정리하러 들어갔다고 해. 그때 시체를 발견한 거지. 소피는 온 집안사람들을 다 깨워놓을 정도로 높고 크게 소리를 질러댔어. 경찰 말로는 오빠가 자정 전에 죽었을 거라고 하더라고."

다음은 메이드 소피 차례였다.

"끔찍한 일이었어요. 대령님은 제가 열한 시에 자러 갔을 때 아직 서재에 계셨죠. 허버트 양은 이미 주무시고 계셨고요. 제 방이 바로 아래라서 소리가 들렸거든요. 다음날 아침 저는 평소대로 다섯 시 반에 일어나서 난로에 불을 붙이고, 주방 바닥을 청소하고, 방을 하나하나 돌기 시작했어요. 서재 문을 여니 거기에 그분이 딱 죽어 계시지 뭐예요. 저는 문을 쾅 닫고 목이 터져라 비명을 질렀죠. 차마 방에 들어갈 수 없었어요. **헌트 씨가** 제일 먼저 오셨답니다."

헌트는 저택의 집사였다.

"저는 그날 저녁 요리사를 집에 바래다주고 아홉 시 사십오 분에 돌아왔습니다. 허버트 양은 그 후 얼마 안 되어 주무시러 가셨고, 메이드 소피도 그보다 많이 늦진 않았죠. 저는 메이드가 물러간 후에 자러 갔습니다. 그전에 대령님을 뵙고 더 필요하신 일은 없나 확인했지요. 다음날 아침식사를 하던 중에 비명 소리를 들었습니다. 메이드가 서재 밖에서 상당히 충격을 받은 상태로 소리를 지르고 있더군요. 요리사가 저보다 조금 뒤에 도착해서 메이드를 달랬고 저는 상황을 살피기 위해 서재 문을 열었습니다. 불을 켜자마자 메이드가 왜 그렇게 소리 지르며 난리를 쳤는지 그 원인을 알았죠. 허버트 대령님은 확실히 사망했고 피를 많이 흘렸습니다. 유감스럽지만 카펫은 완전히 망가져 다시는 사용할 수 없을 거예요."

요리사 팔레티어 부인은 사건에 아랑곳하지 않는 듯했다.

"돌아가신 분을 나쁘게 얘기하고 싶진 않지만 그분이 지상에서 사라져서 여자들은 안전해졌어요. 전 소피의 비명 소리를 들고 대령님의 서재로 향했어요. 헌트 집사가 불을 켰고, 헉 소리를 내는 게 들리더군요. 노인네는 완전히 죽어 있었어요. 솔직히 정원사가 저지른 일이지 싶어요."

정원사 루 닷슨은 퉁명스럽게 이야기했다.

"전 월요일에 아내와 함께 집에 있었습니다. 화요일에 와 보니 노인네는 이미 죽어 있었고요. 장미 손질하러 가봐야 합니다."

모든 사람들과의 면담을 마치고 메리 밀러는 친구 비비안을 다시 불러들였다. 밀러 양은 친구를 포옹하고 말했다.

"좋은 소식이야, 누가 살인자인지 알았어."

Hint

살인자는 누구일까, 그리고 메리 밀러는 어떻게 알았을까?
불빛

살인자는 메이드 소피다. 소피는 서재 문을 열고 대령을 본 다음, 문을 쾅 닫고 비명을 지르기 시작했다고 주장했다. 하지만 집사와 요리사는 둘 다 서재가 캄캄했으며 불을 켜기 전까지는 시체가 보이지 않았다고 말했다. 만약 소피가 안에 들어가지 않았다면 불을 켤 수가 없었을 것이니, 너무 어두워서 아무것도 보지 못했을 것이다. 소피는 대령의 거친 행동과 학대를 견디다 못해 대령을 죽였고 그래서 시체가 거기 있다는 것을 알았다.

도둑맞은 황금 조각상
The Stolen Statuette

앤서니 롱은 몹시 낙심한 듯했다. 얼굴은 유난히 창백했고 눈 아래는 거무죽죽했으며 평소의 활달한 걸음걸이는 간데없이 축 늘어져 있었다. 친구가 다가오는 모습을 보며 올리버 제임스는 얼른 계획을 바꿔 표를 얻은 경기를 보러 가는 대신 커피숍에서 대화하기로 마음먹었다.

"영 안 좋아 보이네."

올리버가 인사 대신 말하자 앤서니 롱은 고개를 끄덕였다.

"두 시간 잤나. 그보다 안 될지도."

"커피?"

"어휴, 네가 정말 내 구세주다."

십 분 후, 앤서니 롱과 올리버는 조용한 카페의 구석에 자리를 잡고 앉았다. 웨이트리스가 커피를 놓고 물러가자 앤서니 롱은 몸을 앞으로 기울였다.

"내가 좀 곤란한 상황에 처하게 됐어. 그래서 네 조언을 들었으면 해."

"그래, 최선을 다해볼게."

"고마워. 실은 어제 집에 도둑이 들었어."

"그거 안됐네. 뭐 귀중한 거라도 도둑맞았어?"

앤서니 롱은 침울하게 고개를 끄덕였다.

"어, 맞아. 도둑이 식당 창을 깨고 침입해서 홀에 있던 제법 값나가는 황금 조각상을 가져갔지. 하지만 그게 문제가 아냐. 나는 어제 시내에서 있었던 회의에 참석해 집을 비웠어. **가정부 챔버스 부인**은 오후 휴가를 받아 없었고, 내 **동생 빌**이 며칠 와서 지내고 있는데, 자기 말로는 아무 소리도 듣지 못했대."

올리버는 친구의 희한한 표현에 한쪽 눈썹을 치켜 올렸다.

"자기 말로는?"

"빌은 요즘 완전히 엉망이야, 올리버. 빚쟁이한테 쫓겨서 내 집에 와 있는 게 아닌가 싶은 생각이 들더라고. 도둑이 어떻게 식당에 있는 다른 그럴싸한 물건들을 다 놔두고 곧장 황금 조각상을 노렸는지 알 수가 없어. 빌은 정원사의 새 조수가 뭘 본 게 아니냐고 그래. 그 말이 맞을지도 몰라. 하지만 나는 빌이 조각상을 챙긴 건 아닌가 하는 생각을 떨칠 수가 없어. 만약 빌이 그런 거면 경찰을 끌어들이고 싶진 않아. 빌은 멍청하기 짝이 없긴 해도 내 동생이잖아. 그러나 아닌데도 그냥 있다가는 다시 털릴 위험이 있는데다가 손해 청구도 못하지."

"잘 알겠어."

올리버는 고개를 끄덕이며 말했다.

"내가 현장을 좀 살펴봐도 될까?"

앤서니 롱의 집에 도착한 두 남자는 뒤쪽으로 빙 돌아갔다. 깨진 창문은 여전히 뻥 뚫린 채 그대로 방치되어 있었다. 그 아래 화단에는 짓밟힌 자국이 보였다. 올리버는 조심스레 다가갔다. 땅에 깊게 패인 커다란 발자국이 있었고, 유리와 관목 가지가 확실히 작업화로 보이는 신발자국에 눌려 땅에 박혀 있었다. 잔디 위로는 발자국이 보이지 않았다.

"270 사이즈 같군."

올리버의 말에 앤서니 롱은 고개를 끄덕였다.

"그래. 미리 말하자면 빌은

250 사이즈야."

"좋아, 좋아. 집 안은 어때?"

그들은 안으로 들어갔고, 앤서니 롱은 올리버를 식당으로 안내했다.

"도둑은 창을 깨고 손을 넣어 창문을 딴 다음 기어들어왔어."

앤서니 롱이 말했다.

"혹시 경찰이 봐야 할 필요가 있을까 싶어 현장은 그대로 뒀지. 깨진 창문 창틀에 아직 진흙도 좀 묻어 있고."

올리버는 창 옆에 무릎을 꿇고 천천히 카펫을 손으로 쓸어보았다.

"여기도 아직 진흙이 좀 있군."

그는 몸을 일으켜 친구의 어깨를 토닥였다.

"그만둬, 앤서니. 안타깝지만 네 동생이 확실해."

Hint

올리버 제임스는 어떻게 알았을까?
창문

창밖에는 유리조각이 있었으나 안에는 전혀 없었다. 이는 집 안쪽에서 창문을 깼다는 뜻이며, 집에 있었던 사람은 빌 뿐이었다. 빌은 커다란 작업화로 발자국을 냈으며, 깜박하고 유리 위를 밟아 발자국에 박히게 만들어, 창을 깬 다음에 발자국이 났다는 티를 내고 말았다. 슬픈 사실은, 빌이 부탁했다면 형 앤서니는 빚 갚을 돈을 주었을 것이라는 점이다.

사무실 독약 살인사건
The Office

"불쌍한 빅터가 죽었다니 믿어지지가 않습니다. 같이 커피를 마신 지 두 시간도 안 되었는데."

리그 박사는 확실히 충격을 받은 모습이었다.

"빅터와 저는 이 층의 **오웬 프라이스**와 함께 이 건물을 공동 소유하고 있지요."

파나키 경감은 고개를 끄덕였다.

"그렇게 들었습니다. **빅터 플로이드** 씨는 사설탐정이었다고요?"

"네. 제 진료실은 일 층이고 오웬은 이 층에 법률 사무소를, 빅터의 사무실은 꼭대기 층에 있죠. 우리는 대출금을 셋이 똑같이 나눴어요. 빅터는 별 문제 없이 자기 몫을 제때 냈고요."

"문제가 있었던 사람이 있습니까?"

파나키 경감이 물었다.

"음, 오웬이 요새 좀 어려움을 겪고 있어 이 건물을 팔아서 좀 더 싼 데로 이사 가고 싶어 하죠. 상황이 나아질 때까지 몇 달 정도 대출 상환 금액을 줄여주겠다고 빅터와 제가 제안을 했습니다. 이제는 어찌 될지 모르겠네요. 빅터는 어떻게 죽은 겁니까?"

"수사가 진행 중입니다."

파나키 경감이 말했다.

피해자 사무실의 접수 직원 **메건 케인**은 어떻게 된 일인지 정확히 알고 있었다.

"독약이었어요."

메건 케인이 울먹거리며 파나키 경감에게 말했다.

"빅터와 리그 선생님은 막 아침 커피를 드시고 난 참이었어

요. 빅터는 자기 방으로 들어가서 전화를 했죠. '안녕하십니까'
까지 말하고 나서 흡 소리를 내더니 심하게 헐떡거리더라고요.
제 방 쪽으로 비틀비틀 다가오기 시작했어요. 끔찍해 보였죠.
그러더니 풀썩 무릎이 꺾여 몇 발짝 기어오다가… 그리고… 죽
었어요."

메건 케인은 다시 눈물을 터트렸다. 파나키 경감은 손수건을
건네고 잠깐 시간을 주었다. 좀 진정되자 경감은 기운 내라는
듯 미소를 지었다.

"그다음엔 어떻게 되었습니까?"

"전 비명을 질렀어요. 그러고는 리그 선생님을 모시러 아래
층으로 뛰어 내려갔죠. 선생님은 안 계셨지만 거기 직원 **수잔나**
가 경찰에 전화를 하고 경감님이 오실 때까지 절 보살펴주었어
요. 범인은… 범인은 리그 선생님일 거예요! 막 커피를 마시고
난 참이었잖아요. 하지만 그분이 왜 빅터를 죽였을까요? 참 착
한 분 같은데."

메건 케인은 다시 훌쩍거렸다.

"그럴 수도…."

파나키 경감은 상냥하게 말했다.

"그러는 동안 오웬 프라이스 씨는 어디 있었습니까?"

"아."

메건 케인은 코를 훌쩍였다.

"프라이스 씨는 여기 일찍 들렀는데 빅터와 무슨 일인지 언

쟁하는 소리가 나더라고요. 하지만 그다음 시내 저편에 회의가 있어서 외출해 몇 시간 동안 자리를 비웠어요. 그 밖에는 오늘 아무도 안 왔고요."

"고맙습니다, 케인 양. 큰 도움이 되었어요."

파나키 경감은 접수 직원을 두고 탐정 사무실로 들어갔다. 방에는 정리가 안 된 책상이 크게 자리를 차지하고 있었다. 빈 커피 머그, 다양한 서류, 서류 폴더 몇 개, 물병과 물잔 몇 개, 수화기가 올려져 있는 전화기 그리고 잉크병과 펜이 보였다. 책상 뒤에는 편안한 의자가, 앞쪽으로는 손님들을 위한 좀 더 격식을 갖춘 의자가 두 개 있었다. 서류함이 한쪽 벽에, 다른 벽에는 책장들이 줄지어 있었다. 건물 담보 대출 동의서가 어지럽혀진 책상에서 눈에 띄었다.

조심스럽게 파나키 경감은 커피 머그를 킁킁거렸고, 희미한 비터 아몬드 향(청산가리에서 비터 아몬드 향이 난다 – 옮긴이)을 맡았다. 그렇다면 독약이 확실하다.

경감은 접수실로 돌아와 다시 메건 케인 앞에 섰다.

"이제 살인자를 알았습니다."

경감이 접수 직원에게 말했다.

Hint

누가 범인일까, 그리고 파나키 경감은 어떻게 알았을까?
책상

살인자는 접수계 직원 메건 케인이다. 그녀는 빅터 플로이드가 통화를 하던 중 갑자기 숨을 헐떡이며 책상에서부터 비틀비틀 자기에게 다가오기 시작했다고 했다. 그런 다음 그가 쓰러진 것을 보고 뛰쳐나갔다고 했지만 수화기는 대롱대롱 매달린 것이 아니라 얌전히 제자리에 올려져 있었다. 그녀가 거짓말을 하는 것이 틀림없다. 빅터 플로이드는 유언장에 자기 몫의 건물 지분을 유언으로 그녀에게 남겼다고 말하는 실수를 저질렀고, 오웬 프라이스가 얼른 건물을 팔고 싶어 하는 상황이니 그녀에게는 유산을 받아 현금화할 수 있는 절호의 기회였다.

매팅리 체이스 살인사건
Murder at Mattingley

조류협회의 열성 회원인 메리는 습지가 있는 넓은 영지에 희귀종 새가 모여드는 매팅리 체이스를 방문할 기회를 얻고 무척 기뻐했다. 그곳의 소유주인 **카일러 매팅리**는 유명한 은둔자였지만 조류학에 열의를 갖고 있었기에 조류협회 회원 네 명이 주말 동안 찾아와 머물며 새를 관찰하게 해주었다.

손님들은 협회 회지 〈트위팅즈〉를 통해 얼마동안 교류해왔기에 서로를 익히 알고 있었다. 하지만 실제로 만난 것은 매팅리 체이스로 향하는 차 안에서가 처음이었다.

사람들은 다들 명랑했다. **윌슨 양**은 넷 중에 가장 어렸는데 유행하는 옷차림에 핀치류(문조 등 관상용으로 기르는 작은 새들의 총칭 – 옮긴이)에 특히 관심을 갖고 있었으며 사진을 잘 찍었다.

매력적인 젊은이 **오스틴 볼**은 크림색 재킷에 짙은 바지, 검은 부츠와 실크 스카프로 멋지게 차려입었다. **클레이튼 헨드릭스**는 야외 활동파로 건장한 체격에 커다란 턱수염을 길렀다.

그들의 대화 내용은 카일러 매팅리에 집중되었다.

"매팅리 씨는 점잖은 집주인이라 들었어요."

밀러 양의 말에 헨드릭스가 대답했다.

"정말 그렇다네요."

윌슨 양이 미소 지었다.

"우리는 참 운이 좋아요."

"그래요, 훌륭한 매팅리 씨의 신경을 거스를 행동만 하지 않으면 됩니다."

오스틴 볼이 말했다.

"그러면 협회 다른 회원들에게까지 이런 기회가 주어질 날이 앞당겨지겠죠."

밀러 양은 고개를 끄덕였다.

"그래요. 다들 선물은 준비하셨죠?"

"물론이죠."

클레이튼 헨드릭스가 말했다.

"전 비둘기 관련 책을 가져왔습니다. 삽화가 훌륭해요."

"그거 멋지네요."

윌슨 양이 감탄하며 말했다.

"매팅리 씨에게 저도 보여달라고 부탁드려야겠어요."

매팅리 체이스에 도착하자 집사 **구스타브**가 나와서 그들을 각자의 방으로 안내했다.

밀러 양의 방은 산뜻했다. 편안한 침대와 고상한 실내 장식에 아름다운 새 관련 예술품들이 군데군데 있었다. 스케치 여러 점, 올빼미가 가장자리에 조각된 거울, 날고 있는 왜가리 모양의 작고 우아한 녹옥 조각상이 있었다. 하지만 정말로 밀러 양의 눈을 사로잡은 것은 극락조를 그린 인상적인 유화였다.

숨을 돌린 다음, 손님들은 선물을 챙겨 들고 아래층으로 모여들었다. 카일러 매팅리가 거기서 미소를 띠고 그들을 맞았다.

"환영합니다, 여러분. 전 사람들을 거의 만나지 않지만, 다들 이미 잘 아는 것만 같군요. 윌슨 양의 멋진 연구나 오스틴 볼 씨의 웃음을 주는 일화가 없었으면 어쩔 뻔했겠습니까?"

칵테일을 마신 후, 일행은 식당으로 자리를 옮겨 멋진 저녁 식사를 대접받았다. 그다음, 매팅리는 기뻐하며 선물을 하나하나 열어보았다.

밀러 양은 숲새 모양을 한 수공예 호각 열두 개가 든 칠기 상자를 가져왔다. 불면 각각 그 모양을 한 새소리가 났다. 클레이튼 헨드릭스는 비둘기 책을 선물했는데 삽화 하나하나가 예술

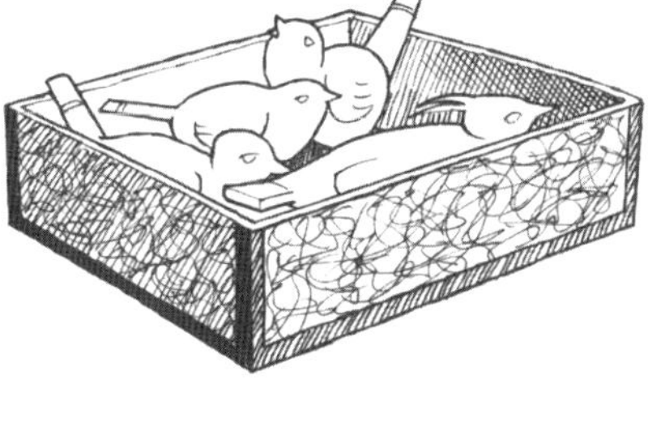

적으로, 생물학적으로 걸작이었다. 오스틴 볼은 막 불길 속에서 부활하는 모습의 우아한 녹옥 불새를 실크 천에 곱게 싸서 왔다. 마지막으로 윌슨 양은 자기 집 근처 공원의 변화를 일 년 동안 담은 사진들을 붉은 가죽 장정을 씌워 준비해 왔다.

새벽에 나서서 새를 관찰하기 위해 그들은 일찍 방으로 올라갔다.

밀러 양은 겨우 잠들었을까 싶었을 때 쿵쿵 노크 소리에 깨어났고, 집사 구스타브가 들어왔다.

"아, 그나마 방에 계시는군요. 주무시는 데 방해해서 죄송합니다, 하지만 매팅리 씨가 살해를 당했어요! 다른 일행 분들은 방에 안 계시고요."

"어머나, 금방 내려갈게요."

밀러 양은 깜짝 놀라서 대꾸했다. 급히 옷을 차려입고 아래층으로 내려왔을 즈음엔 다른 협회 회원들도 이미 모여 있었다.

"카일러 매팅리 씨가 죽었대요!"

윌슨 양이 외쳤다.

"들었어요. 정말 끔찍한 일이네요. 난 자고 있었는데."

윌슨 양이 잠시 멈칫했다.

"전 사실 서재에 있었어요. 클레이튼 헨드릭스 씨가 선물한 책이 보고 싶어서요."

"전 응접실에서 시가를 피우고 있었죠. 늘 하던 습관이라."

오스틴 볼이 말했다. 헨드릭스는 어깨를 으쓱했다.

"음, 전 부엌에 있었습니다. 약 먹을 우유가 필요해서요."

밀러 양은 집사를 손짓으로 불렀다.

"잠깐 할 말이 있는데요, 구스타브 씨."

집사가 고개를 끄덕이자 밀러 양은 그에게로 다가갔다.

"누가 살인자인지 알 것 같아요."

Hint

암살자는 누구이며, 메리 밀러는 어떻게 알았을까?
선물

살인자는 오스틴 볼로 가장하고 있었다. 조류협회 회원들이 카일러 매팅리에게 준 선물을 떠올려보라. 오스틴 볼은 밀러 양의 방에 있는 것과 비슷한 녹옥으로 된 새 조각상을 손수건 같은 실크 천에 싸서 선물했다. 조류협회 사람들이 매팅리 체이스에 얼마나 방문하고 싶어 하는지와 다른 이들이 선물에 들인 공을 감안하면 선물을 빼먹었다는 것은 희한한 일이다. 그 이유는 진짜 오스틴 볼은 사흘 전에 죽었고, 살인자는 밀러 양이 말을 꺼내기 전까지 선물에 대해 까맣게 몰랐기 때문이다. 방에 있는 장식품을 손수건에 싸서 내놓고, 도망칠 때까지 넘어갈 수 있기를 바라는 것이 그가 할 수 있는 최선이었다.

체스 살인사건

The Logician

느긋하게 일요일 조간신문을 읽고 있던 파나키 경감에게 전화가 걸려왔다. 한 시간 후, 그는 **해럴드 리베라**라는 한 수학자의 집 현관 앞에 서 있었다. 현장에 있던 형사가 문을 열고 그를 안으로 들였다.

"와주셔서 감사합니다, 경감님. 제 이름은 **버렐**입니다. 이 집 청소부와 얘기하고 몇 가지 물어봤는데 아무 진전이 없군요."

"피해자에 대해 말해줄 게 있나, 버렐 형사?"

"해럴드 리베라, 마흔여덟 살, 혼자 살았습니다. 배우자, 자녀나 가까운 가족은 없고요. 롱뮤어 앤드 선즈라는 회계 사무소에서 일했습니다. 여가 시간 전부를 체스에 쏟아 부은 것 같고요. 정기적인 체스 파트너가 몇 명 있었고, 그 밖에는 인간관계가 거의 없었습니다. 시체는 거실에서 발견됐습니다. 머리를 얻어 맞고 숨졌는데 사망 시각은 열두 시간에서 이십사 시간 이내로 추정됩니다."

"한번 봐야겠군."

파나키 경감이 말했다.

"물론이죠."

버렐 형사는 경감을 안내하여 복도를 지나 소박한 거실로 들어섰다.

안에는 작은 소파와 커피 테이블도 있었지만 커다란 도기 체스판이 놓인 테이블이 떡하니 자리를 차지하고 있는 게 가장 먼저 눈에 띄었다. 또 옆쪽 두 개의 작은 테이블 위에도 각각 체스판이 놓여 있었다. 판 세 개 전부 경기가 진행 중이었지만 큰 테이블에서는 백이 유난히 우세를 점하고 있었고, 판 한가운데 백의 비숍 둘이 백의 나이트를 가운데 두고 서 있었다. 체스판 앞바닥은 피로 흠뻑 물들었고 거기 놓인 나무 의자도 마찬가지였다.

"혼자 살았다고?"

파나키 경감이 물었다.

"네. 청소부가 보통 매일 아침에 와서 두 시간씩 청소했습니다. 청소부가 발견했죠. 작은 테이블들은 늘 경기가 진행 중이니 절대 건드리지 말라는 지시를 단단히 받았다는군요. 그걸로 우편 경기를 진행한다고 말했답니다. 커다란 건 맞대면 경기용이고요."

"알겠네. 누군가 체스광을 죽이고 싶어 할 만한 이유가 혹시 있을까?"

"청소부 말로는 피해자가 가끔 아주 무례할 때가 있답니다. 실수로요. 악의가 있는 건 아니고 그냥 사교성이 부족하다 보니. 제가 보기엔 체스 친구 중 누가 결국 욱해서 죽인 것 같습니다."

"흠, 그러면 경기가 설명이 되는군."

버렐 형사는 고개를 끄덕였다.

"커피 테이블에서 이름 셋이 적힌 쪽지를 발견했습니다. 청소부가 피해자 필체가 맞다고 확인해줬고, 피해자가 종종 그날 올 사람 이름을 메모하곤 했다고 하더군요. 준비 차원에서요. 아쉽게도 알파벳 순서입니다."

"물론 그렇겠지. 수학자가 달리 무슨 순서로 이름을 적겠나?"

"두 명은 단골 체스 파트너고요. 세 번째는 회사 동료로 밝혀졌습니다. **토머스 크리치**는 피해자와 마찬가지로 외톨이입니다. 서른여덟 살에 변호사 조수. 얘기해봤는데, 오후에 올 참이었지만 감기가 걸려서 취소했다고 합니다. **매튜 노튼**은 입찰 전문가고 마흔두 살. 다른 체스 친구입니다. 저녁에 올 예정이었지만 증시 하락세에 대한 글을 읽느라 정신이 팔려 시간을 깜박했고 너무 늦어서 안 왔다는군요. 동료는 **브렌든 코튼**입니다. 둘이 같은 부서에서 근무하고요. 문제성 고객 계좌에 대해 논의하려고 점심 후에 왔었답니다. 종종 그렇게 해왔다고 합니다. 큰 체스판이 비어 있었던 기억이 난다고 하는군요."

"잘했네, 형사. 자네가 살인사건을 해결했어."

파나키 경감이 말했다.

"제가요?"

버렐 형사는 믿겨지지 않는다는 말투였다.

"아직 채 시작도 안 했다고 생각했는데요."

파나키 경감은 고개를 끄덕였다.

"누가 살인자인지 지금 당장 말할 수 있네."

Hint

해럴드 리베라를 죽인 사람은 누구일까, 그리고 파나키 경감은 어떻게 알았을까?
체스판

살인자는 브렌든 코튼이다. 커다란 체스판의 말들은 체스 규칙에 따르면 나올 수 없는 배열로 놓여 있었다. 비숍은 한 가지 색깔 칸 위로만 움직이며, 양측이 각각 흰 칸으로만 움직이는 비숍과 검은 칸으로 움직이는 비숍 하나씩을 갖게 된다. 커다란 체스판에는 백의 비숍 두 개가 한 칸 사이를 두고 나란히 놓여 있다. 이것은 둘 다 같은 색깔의 칸 위에 있다는 뜻이다. 체스 규칙을 아는 사람이라면 절대 하지 않을 실수다. 브렌든 코튼은 고객의 돈을 횡령하고 있었는데 해럴드 리베라가 알아채는 바람에 도와달라고 설득하러 왔다. 해럴드 리베라가 거절하자, 브렌든 코튼은 그를 죽인 다음 가짜로 체스 경기를 꾸며놓으려 했다. 불행히도 그는 결정적인 실수를 저질렀다.

예상치 못한 죽음
An Unexpected Death

데이비드 스펜서가 자살했을 때 모두들 충격을 받았지만, 그 중에서도 여동생 클레어가 가장 크게 충격을 받았다.

"이해가 안 가, 메리."

클레어는 정말 간신히 정신을 추스르고 있었다. 메리는 클레어의 손을 꼭 잡아주었다.

"굉장히 이상한 일 같기는 해."

"이상하지. 아주 이상해. 사업 잘되지, 아내인 셰일라와의 일도 드디어 잘 풀려가고 있었지, 아들 톰도 괜찮은 일자리를 얻은 참이었는데."

"톰이 큰아들이던가? 둘째 피어스는 아직 대학에 다녀?"

클레어가 고개를 끄덕였다.

"그리고 셰일라와 다시 잘되어가고 있다고 했지. 둘 사이가 어땠는데?"

"결혼한 지 이십육 년이 되었어. 하지만 지난 십여 년 간은 아주 힘들었거든. 어떤 때는 몇 달씩 대화도 제대로 안 하고. 물론 나는 간섭하지 않으려 했지만 둘이 다시 옛 모습으로 돌아간 걸 보니 정말 좋았어."

"비극적이네."

메리가 말했다. 클레어는 떨리는 한숨을 내뱉었다.

"오빠가 정말 죽었다니 믿을 수가 없어. 불쌍한 셰일라는 완전히 정신이 나갔어."

"이런 말 물어봐서 미안한데, 어제 정확히 어떻게 된 거야?"

"오빠는 기침하는 것만 빼면 아침식사 때는 멀쩡했어. 그런데 뭔지 우편물을 받고 마음이 어지러워졌지. 얘기는 안 했지만 상당히 짜증을 냈고, 그날 하루 대부분을 자기 서재에 틀어박혀 있었어. 그 바람에 셰일라는 오후 여섯 시 무렵이 되자 두통이 심해져서 자리에 누웠고 나는 조금 후에 외출했어. 박물관에서 십칠 세기 지역 예술품 야간 전시회가 있어서 친구인 **미아 페리**와 보러 가기로 했거든. 집에 돌아와서 오빠 기분이 나아졌나 살피러 서재로 갔지. 그랬더니…."

클레어는 흐느낌을 삼켰다. 메리가 살며시 친구를 껴안았다.

"불쌍한 데이비드 오빠가 의자에 옆으로 늘어져 있었어. 입은 벌린 채였지. 딱 봐도 이미 죽었더라고. 서류는 모조리 책상에서 밀쳐져 바닥에 떨어져 있었어. 앞에는 약병이 하나 놓여 있었고."

"네가 경찰을 불렀어?"

"그 즉시. 침입한 흔적은 전혀 찾을 수 없었고 경찰은 자살로 결론지었지."

"이게 어려운 부탁일 줄은 알지만 서재를 좀 볼 수 있을까?" 메리가 물었다. 클레어는 잠시 미간을 찌푸렸다.

"정말 그러고 싶다면, 메리."

데이비드 스펜서의 서재는 두꺼운 녹색 카펫이 깔렸고, 조명이 많았으며 정원이 내다보이는 큰 창이 있었다. 실내의 중심에는 가죽 상판을 씌운 커다란 업무용 책상과 거기 어울리는 튼튼한 의자가 놓였다. 어지럽혀진 서류, 폴더, 메모와 신문이 책상 왼쪽 바닥에 흐트러져 있었다. 책상 위에는 커다란 약병이 하나 놓였고 옆에 큰 알약 몇 개도 떨어져 있었다. 벽에는 다양한 그림들이 걸렸고, 책과 서류가 넘쳐나는 책꽂이 몇 개가 보였다.

클레어는 부르르 몸서리를 쳤다.

"그 약은 수면제였을 거야."

클레어의 눈에 눈물이 고였다.

"경찰 의사 말로는 스무 개나 그 이상 복용했을 거래."

"방은 그때 상태와 똑같아?"

"응. 내가 문을 잠가두었어. 너무…."

클레어는 말끝을 흐렸다.

"정말 미안한데 너희 오빠는 살해당한 것 같아."

Hint

메리 밀러는 어떻게 알았을까?

서재

데이비드 스펜서는 스무 개 이상의 커다란 알약을 복용하고 자살했다고 했는데 방에는 마실 것이 아무것도 없었다. 그렇게 많은 약을 물 없이 넘길 수 있는 가능성은 지극히 적고, 기침 때문에 목이 아팠다는 것을 생각해보면 거의 말이 되지 않는다. 그의 아내 셰일라는 최근 다른 남자와 바람을 피우기 시작했다. 그녀가 남편을 독살하고 자살처럼 보이게끔 꾸민 것이다. 셰일라는 독이 든 음료는 치웠지만 대신 물잔을 놔둘 생각을 못했다.

정답

절벽에서 추락한 등산가
The Climber

"그 광경을 뇌리에서 떨칠 수가 없어."

카슨 롱은 괴로워하며 말했다.

"닷새나 되었지만 눈을 감을 때마다 불쌍한 **제프리**가 그 로프 더미 위에 뒤틀리고 부러진 채 쓰러진 모습이 떠올라. 너무나 허망한 일이야."

올리버 제임스는 카슨 롱의 어깨에 손을 얹었다.

"시간이 좀 지나야지. 엄청난 충격을 받았으니. **헤이든**은 어떻게 견디고 있나?"

"나보다 심해. 솔직히 말하자면, 헤이든은 늘 우리 셋 중에 제일 강했지. 하지만 놀랄 일도 아니지 싶어. 헤이든은 제프리가 떨어지는 장면을 직접 봤으니까. 최소한 나는 그건 면했지."

올리버 제임스는 고개를 끄덕였다.

"그나마 다행이야. 넌 어디 있었는데?"

"텐트로 돌아가 있었지. 원래 등산에 취미가 없었거든. 높은 데를 안 좋아해서. 제프리와 헤이든은 절벽을 오르러 갔고, 나는 밀린 독서를 하기 위해 텐트에 남았지. 비명 소리를 듣고 그쪽으로 달려갔어. 헤이든이 절벽 꼭대기에서 광인처럼 울부짖고 있더군. 내 머릿속은 백짓장처럼 새하얗게 되었어. 일이 초 정도 그를 바라보다가 아래를 내려다보니 제프리가 거기 쓰러져 있더군. 그 장면이 계속 떠올라. 어떻게 그리 많은 피가 날 수 있지?"

"끔찍한 광경이었겠군."

올리버 제임스는 말하고 잠시 입을 다물었다.

"그 이전에 너희 세 명 사이는 어땠어?"

"아, 그거야 뭐, 평소대로 친근하고 실없었지. 벨라 일은 몇 달 전에 수그러들었고, 예전대로 돌아갔어. **벨라 홀** 알아?"

올리버 제임스는 고개를 저었다.

"눈부시게 아름답고, 장난스런 구석이 있지. 마음은 착해. 재미있고."

"꽤나 흥미로운 사람처럼 들리는데."

"맞아. 벨라는 여름 내내 우리 셋을 맘대로 휘두르며 서로 체면 불구하고 맞서게 만들었지. 악의 없는 장난이었고 마찰이 생기기 시작하자마자 그녀는 게임을 그만두었어. 그래도 제프리에게 호감이 있긴 했을 거야. 벨라는 거의 헤이든과 나만큼이나 크게 충격을 받았어."

올리버 제임스는 생각에 잠겨 고개를 끄덕였다.

"이런 말 물어 미안한데 제프리가 어쩌다 추락한 거야? 발을 헛디디거나 뭐 그런 건가?"

천천히 고개를 내저으며 카슨 롱이 말했다.

"반쯤 내려왔던 참이었어. 미끄러졌는데 로프 고리가 빠졌던 모양이야. 헤이든은 자세히 설명할 정신이 아니었고 나는 들을 상태가 아니었지. 그저 제프리가 잡기 힘든 돌부리에 손을 뻗다가 다음 순간 사라졌다고…. 정신을 차리고 보니 자기는 무릎을 꿇고 울부짖고 있었고 나는 절벽 아래에서 올려다보고 있었다고 해."

그는 몸서리를 쳤다.

"독한 걸로 한 잔 해야겠어."

올리버 제임스는 한숨을 내쉬었다.

"더블로 해, 카슨. 나도 한 잔 가져다주고."

카슨 롱은 고개를 끄덕이고 두 잔을 넉넉하게 따랐다. 올리버 제임스는 잔을 받아들자 단번에 들이켰다.

"너도 죽 들이키는 게 좋을 거야. 더 참담해질 거니까."

카슨 롱은 멍하니 친구를 쳐다보았다.

"무슨 말인지 모르겠어."

"제프리는 살해당했어, 카슨. 헤이든이 죽인 거야."

Hint

올리버 제임스는 어떻게 그게 살인인 줄 알았을까?
로프

카슨 롱은 제프리의 몸이 로프 위에 쓰러져 있었다고 묘사
했다. 만약 제프리가 정말 추락했다면 로프는 그와 함께 떨
어져 시체 위에 놓여 있어야 했다. 또는 혹시 그의 고리가
망가진 거였다면 로프는 그대로 절벽에 걸려 있어야 했다.
어느 쪽이든 몸 아래에 깔려 있진 않았을 것이다. 헤이든은
벨라 홀의 관심을 얻은 제프리를 질투하여 절벽 꼭대기에
서 그를 살해한 다음, 로프를 던지고 그 위로 시체를 떨어뜨
렸다.

예술품 도난사건
The Foreman Pieces

"그자들은 뭘 찾아야 할지 딱 알고 있었어, 메리."

스텔라 시몬스는 짜증에 이마를 구겼다. 메리 밀러는 동정하며 혀를 찼다.

"홍차 더 줄까? 정말 끔찍한 일이었겠다."

스텔라 시몬스는 잔과 받침접시를 밀었다.

"맞아, 끔찍했지. 그게 딱 맞는 말이야. 조각상을 잃어버린 것도 짜증나지만, 그게 문제가 아냐. 뭔가 침범당한 기분이라고."

도둑이 든 지 이틀째였다. 값비싼 포맨 조각상 세 점이 사라졌지만 그 외엔 아무것도 건드리지 않았다.

"나아질 거야. 물론 다소 시간이 걸리겠지. 몇 주 동안은 사람을 더 고용해서 경비를 강화하는 게 좋을지도 모르겠다. 그 도둑들이 다시 오지는 않을 거라 생각하지만 말이야. 자기들이 원하는 걸 가져갔잖아. 포맨은 요즘 아주 인기 있는 예술가니까, 매물로 나온 작품들도 꽤 되지?"

"내가 그걸 모르겠니."

스텔라 시몬스가 말했다.

"경찰은 상당히 비관적으로 전망하더라고. 내 조각상들이 이미 팔렸다면 그걸 추적해내기란 몹시 힘들 거래. 그리고 그들 생각엔 팔렸을 거라고 하네."

"언론에서 많이 힘들게 했니?"

"아, 그 사람들."

스텔라 시몬스는 한숨을 지었다.

"그 머저리들은 뭐 하나 제대로 내보낸 게 없어. 이름도 잘못 쓰고, 내가 잃어버린 게 다섯 점이라고 해놓은 데다가 '추억이

실린 소중한 가보'를 잃어버려서 내가 '절망에 빠져' 있다는 둥 하지도 않은 말을 지어내서 실었지 뭐야. 말도 안 돼. 그야 당연 히 기분이 좋진 않지만 가보가 아니라 지난겨울에 눈에 들어와 서 산 거라고."

"도둑들이 그게 어디 보관되어 있는지 어떻게 알았을까?"

"아, 알았던 것 같지는 않아. 아래층 방 여러 곳을 뒤졌더라 고. 그저 포맨 조각상만 챙겨갔을 뿐이야."

"네가 그의 작품을 좋아하는 게 딱히 비밀은 아니었지."

"몇 달 전에 그 망할 인터뷰에 응한 후로는 절대 아니지."

"저런, 오브리. 안 돼, 테이블 위에 올라가면. 그냥 홍차란다."

메리 밀러는 찻잔을 쿵쿵거리는 고양이를 안아들어 바닥에 내려놓았다.

스텔라 시몬스는 고양이에게 힘없이 미소 지었다.

"장담은 할 수 없지만 장물을 다룬다는 소문이 있는 지역 골동품 중개상들을 몇 명 알고 있어. 좀 알아볼 수 있을지도 몰라."

"세상에, 정말 용감하구나! 고마워."

밀러 양은 스텔라 시몬스의 반색에 희미하게 미소 지었다.

그날 오후, 메리 밀러는 좀 허름한 골동품상인 '쿰스' 앞에 섰 다. 가게의 자존심 격으로 진열창에 전시된 것은 멋진 포맨 조 각상이었다. 스텔라 시몬스의 것일 수도 있지만 물론 다른 곳에 서 들어왔을 가능성도 존재했다.

가게에 들어서서 다섯 걸음도 채 떼기 전에 주인 **엘리 쿰스**가 어디선가 나타났다. 육십대 초반의 느끼한 남자로 싸구려 회색 정장 차림이었다.

"이렇게 매력적인 숙녀분께서 저의 허름한 가게에 왕림하시다니."

엘리 쿰스는 과장되게 팔을 휘둘러 절했다.

"무엇을 도와드릴까요?"

"포맨에 관심이 있어요."

메리 밀러가 말했다.

"아, 그러시군요. 안목이 훌륭하십니다. 멋진 예술품이죠."

"출처는 분명한 물건들이리라 믿어요."

"물론이죠, 손님. 저희 물건은 다 관련 서류가 완벽하게 구비되어 있습니다."

메리 밀러는 고개를 끄덕였다.

"그랬으면 좋겠네요. 최근 시몬스 씨 댁 도난 사건도 있고 하니 혹시나 싶어서요."

"손님, 설마 그런 뜻으로 하시는 말씀은…."

엘리 쿰스의 미소가 사라지고 억양이 뚜렷하게 도드라졌다.

"쿰스 씨, 저게 혹시 도둑맞은 조각상인가요?"

"터무니없군요!"

엘리 쿰스가 흥분했다.

"그런 도둑놈들하고는 절대 어울리지 않습니다. 여기를 살살이 뒤져본다 한들 다른 두 점은 흔적도 안 나올 겁니다. 살면서 이렇게 모욕적인 경험은 처음이군요. 나가주십시오."

"죄송해요. 그런 의도는 아니었어요. 이만 가볼게요."

가게를 나선 메리 밀러는 곧장 경찰서로 가서 근무 중인 경관에게 말했다.

"시몬스 씨 댁에서 도난당한 장물을 거래 중인 사람을 신고하려고요."

Hint

메리 밀러는 그 조각상이 도난당한 물건이라는 걸 어떻게 확신했을까?
기사

스텔라 시몬스는 신문에 조각상 다섯 개가 도둑맞은 이야기
가 실렸다고 분명히 말했다. 절도 일당이 아니고서야 사라
진 조각상이 세 개뿐이라는 것을 엘리 쿰스가 알 턱이 없다.

눈 오는 밤 목걸이 도난사건
The Necklace

파나키 경감이 **잭슨**과 **이자벨라 스톤** 부부의 집에 도착한 것은 오후 아홉 시 넘어서였다. 종일 내리던 눈이 두 시간 전에 드디어 멈췄기에 가는 길이 그렇게 고되진 않았다. 진입로 끝에서 몹시도 추워 보이는 경관이 그를 맞이했다. 파나키 경감은 경관에게 배지를 보이고 진행 상황을 보고하도록 했다.

경관이 말했다.

"이자벨라 스톤 소유의 아주 값비싼 다이아몬드 목걸이가 한 시간 전 집에서 도난당했습니다. 스톤 씨 부부는 오늘 저녁 오래된 친구인 **존**과 **캐슬린 아코스타** 부부와 어울리고 있었습니다. 집 옆쪽 벽 침실 창문 아래에 사다리가 놓여 있는 것을 스톤 씨가 발견하기 전까지는 네 명 다 수상한 낌새는 아무것도 느끼지 못했다고 합니다. 넷이 집을 수
색했고 스톤 씨가 다이아몬드 목걸이
가 도난당한 사실을 발견했습니다. 침
입자가 현장에 없다는 건 제가 직접
확인했습니다. 사다리로 들어왔다가
누가 알아채기 전에 도망친 것이 틀림
없습니다. 아코스타 부부가 다섯 시 반에 도
착했을 때는 모든 것이 정상이었지만, 사건은 그때부터 도난이
발견된 여덟 시 반 사이에 벌어진 것으로 여겨집니다."

파나키 경감은 경관에게 고맙다고 말하고 사다리를 보여달
라고 요청했다. 그들은 집 앞을 돌아 옆쪽으로 갔다. 집 주위와
작은 정원 창고까지는 눈 위에 온통 발자국 투성이었다. 건물
옆쪽에 기대 세워진 사다리가 열린 창문에 닿아 있었다. 뭔가
펄럭거리고 있는 건가? 파나키 경감은 사다리를 붙잡고 창문을
올려다보았고, 사다리가 눈 속으로 푹 박혀들자 놀라 움찔했다.
그냥 바람에 흔들리는 커튼이었다.

"이 사다리는 창고에 있던 건가?"

경관이 고개를 끄덕였다.

"집주인인 잭슨 스톤 씨가 확인했습니다."

"스톤 부부와 아코스타 부부와 얘기 좀 해야겠는데."

두 사람은 집 안으로 들어가 네 명의 친구들이 모여 있는 거
실에 들어섰다. 호사스럽기보다는 깔끔하고 단정하며 편안하게

꾸민 안락한 공간이었다.

소개를 마친 다음, 파나키 경감은 네 사람에게 무슨 일이 있었는지 이야기해달라고 했다.

"무슨 일이 벌어졌다는 것도 몰랐어요. 다 지나간 후에야 알았죠."

아내의 말에 잭슨 스톤이 수긍하며 설명했다.

"맞습니다. 여덟 시 반이 되기 조금 전에 화장실에 갔다가 창문으로 벽에 기대 세워진 사다리를 봤어요. 무슨 영문인지 알수가 없어서 볼일을 본 다음 확인하러 밖에 나가 보니 창고에 있던 사다리를 누가 침실 창문 아래 대놨더라고요. 그래서 안으로 다시 들어와 사람들에게 알렸죠."

존 아코스타는 고개를 끄덕였다.

"잭슨이 기겁해서는 뛰어 들어와 집에 침입자가 있을지도 모른다는 겁니다. 잭슨과 저는 당장 안전 여부를 확인했고 여자들은 경찰에 전화를 했습니다. 저는 아래층을 수색하고 잭슨은 위층을 둘러봤지요. 부엌에서 칼이 없어진 건 아닌 듯해서 안심했습니다."

"그때 아내의 목걸이가 사라졌고 도둑놈이 훔쳐간 걸 제가 발견했지요."

잭슨 스톤이 말했다.

"안팎으로 샅샅이 뒤졌어요."

캐슬린 아코스타도 열성적으로 말했다.

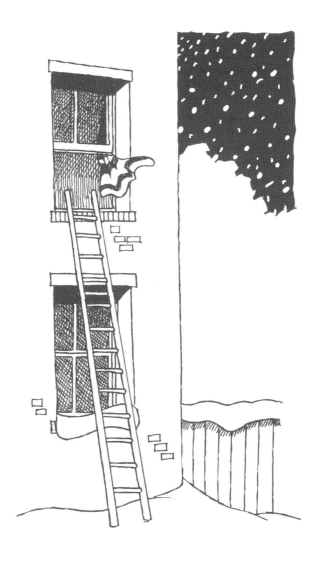

"목걸이도 도둑도 찾을 수가 없었죠. 겁이 덜컥 나더라고요."

파나키 경감은 생각에 잠겨 고개를 끄덕였다.

"그리고 네 분은 저녁 내내 함께 계셨겠지요?"

"물론이죠."

이자벨라 스톤이 확고한 어투로 말했다.

"적어도 두 명씩은요. 캐슬린과 저는 부엌에 몇 번 다녀왔어요."

"알겠습니다."

파나키 경감이 다시 고개를 끄덕였다.

"말씀드릴 것이 있는데요, 스톤 씨. 보험사기는 형량이 아주 무겁습니다. 목걸이는 어디 적당히 편리한 장소에서 발견되리라 믿습니다."

잭슨 스톤의 얼굴이 창백해졌고 다른 세 명은 놀라 헉 소리를 냈다.

"안녕히 계십시오."

파나키 경감은 인사하고 느긋이 집을 나왔다.

Hint

왜 파나키 경감은 잭슨 스톤이 도둑이라고 생각했을까?
사다리

정답

065

로마시대 여인상 기둥의 진위
The Caryatids

크게 심호흡을 하고 올리버 제임스는 아버지 사무실의 문을 노크하고 들어갔다.

"아, 왔구나, 우리 아들."

183센티미터의 **캐머런 제임스**는 아들보다 아주 약간 작았지만, 올리버 제임스가 늘씬한 반면 아버지는 거의 평생을 석재와 벽돌을 다룬 사람답게 떡 벌어진 체격의 강건한 남자였다.

"들어와라, 어서 들어와. 제이콥과 나는 막 사우스웰 빌딩 장식을 논의하던 참이다. 네가 도움을 줄 수 있을 것 같아서 오라고 했지."

올리버 제임스는 움찔하고 마음의 각오를 했다. 아버지는 아직도 아들이 건설 현장보다 건축 디자인을 선호한다는 사실을 받아들이지 못했고, 최근에는 그의 장래에 대한 설교가 지루하리만큼 잦고 길어지고 있었다.

사십대인 **제이콥 요크**는 올리버 제임스가 기억할 수 있는 한 늘 아버지의 오른팔이었다. 그는 최소한 건축에 대해서는 올리버 제임스의 편을 들어주었다.

올리버 제임스는 고개를 끄덕였다.

"로마 조각상 두 점이 아주 좋은 가격에 나왔단다."

아버지의 말에 제이콥 요크가 덧붙였다.

"어떻게 보면 수상할 만큼 좋은 것 같기도 하고요."

"하지만 그게 아니라면 사우스웰 빌딩 전면 장식물에 안성맞춤인데다가 예산과도 딱 맞단다. 네가 안목이 좋으니 이 건에 대해 의견을 들려줄 수 있을까 해서."

올리버 제임스는 안도하고 기꺼이 돕겠다고 말했다.

"앉아서 봐라."

캐머런 제임스는 이렇게 말하고 책상 위의 서류 더미를 향해

손을 내저었다.

올리버 제임스는 서류를 들어 세부사항을 훑어보았다. 문서들에 따르면 이 한 쌍의 조각상은 로마 황제 디오클레티아누스 시대의 여인상 기둥으로 놀라울 만큼 상태가 좋았다. 조각가가 받침에다 자기 이름과 디오클레티아누스 황제의 공식 명칭, 서기 302년을 새겨놓았기 때문에 연대도 분명했다. 그해는 황제가 잔혹한 기독교 박해를 시작한 때로 모든 로마인들은 그리스 신들에게 희생물을 바쳐야 했다. 여인상 기둥은 로마 시대에 흔한 건 아니었지만 그렇다고 아예 없었던 것도 아니었다.

동봉된 사진을 보면 조각상은 대리석으로 만들어진 듯했다. 닳고 흠집 난 곳이 약간 있었으나 그게 없다면 오히려 기적일 것이고, 그 점을 고려해도 충분히 박물관에도 소장될 만한 수준이었다.

올리버 제임스는 고개를 들었다.

"어디서 이걸 발견했대요?"

"한 영국인이 터키인에게서 매입했다더라. 그 사람은 곤경에 처한 오스만 제국 고위 관리에게서 사들인 거고. 그 가문에서 십삼 세기 셀주크 왕조 시절부터 전해 내려오던 물건이라고 했대."

"증빙 서류도 다 있어요."

제이콥 요크가 말했다.

"음, 디오클레티아누스 시대 물품이 개인 소장품에 남아 있었다는 게 완전히 불가능하진 않죠. 그 황제는 터키 안티오크에 최소한 서기 302년까지, 몇 년 동안 있었어요. 그의 이름으로 사원이 세워졌다가 나중에 제국이 무너지면서 조각상 기둥이 도난당했을 수도 있겠죠. 하지만 이 경우는, 이 품목들은 확실한 위조품이라고 단언할 수 있겠군요. 유감이에요, 아버지."

Hint

올리버 제임스는 어째서 위조품이라고 확신했을까?
디오니시우스

조각상에 새겨진 연도가 현대 기준으로는 더할 나위 없이 정확하지만 우리가 지금 쓰는 연도 표기는 서기 525년까지 존재하지 않았다. 그러므로 제작자가 'AD 302'라고 새긴 진품은 존재할 수 없다. 당시에는 권력자가 권력을 장악한 때를 기준으로 연도를 표기했고 이는 디오클레티아누스 재위 18년이 된다. 현대의 연대 표기법은 디오니시우스라는 신학자가 기독교인들을 살해한 황제들의 재위로 연대를 표기한다는 것에 거부감을 느끼고, 예수의 탄생으로부터 얼마나 되었는지 계산하여 만들었다. 그것도 9세기 초까지는 일반적으로 통용되는 기준이 아니었다.

벽난로 앞의 시체
Elwin

"끔찍한 사건이었어, 메리."

살인사건 후 사흘이 지났지만 **재클린 메이베리**는 아직도 창백하고 정신이 없어 보였다.

"여전히 실감이 안 나. 가까운 사람이 살해당하리라고는 꿈에도 생각 못하잖니."

메리 밀러는 침묵으로 공감의 뜻을 나타내며 잠시 기다렸다.

"곧 슬픔이 밀려오겠지. 지금으로선 무슨 기분인지 모르겠어. 하지만 살인자가 어떻게 도망쳤을까? 이해가 안 돼."

"정확히 어떻게 된 거야, 재클린? 말해줄 수 있겠니?"

"별로 이야기할 게 없어. 우리는 식탁에서 **얼윈**이 내려오기를 기다리고 있었지. 그때 위층에서 탕 소리가 크게 났어. **도리**

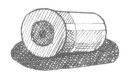스의 남편 **그랜트 매튜스**, 내 남편 **스티
븐**, 얼윈의 아내 **릴리**가 위층으로 달려
올라갔지. 도리스와 나는 계단 아래에
서 기다렸고. 얼윈이 자기 방 벽난로 앞에 쓰러진 채 죽어 있었
어. 다른 사람의 흔적은 전혀 없었고. 경찰이 근처 바닥에서 탄
피를 하나 발견했어. 물론 경찰이 다 수색하고 집 안에 침입자
는 없다고 확인해주었지. 경찰은 살인자가 오후부터 집에 숨어
있었던 게 아닐까 하는 의견을 내놨는데, 그렇게 생각하면 정말
오싹해. 그렇더라도 그럼 어디로 사라졌을까? 창으로 나가서
창문을 닫아걸었을 리는 없을 텐데, 또 계단으로 내려온 사람도
없거든. 경찰도 아직 답을 찾지 못했어."

밀러 양은 살짝 이마를 찌푸렸다.

"그랜트와 도리스 부부?"

"도리스가 릴리와 나하고 같은 학교를 다녔어. 우리는 동기
동창이지. 도리스는 늘 우리 집에 와서 놀곤 했어. 아버지가 좀
골칫거리였거든. 그 뒤로 내내 친하게 지내왔어."

"아, 하지만 총성을 듣기 전에는 무슨 일이 있었어? 다들 저
녁 내내 같이 있었던 거야?"

"음, 대체로. 스티븐과 내가 도착한 이후로 릴리와 얼윈은 신
경이 날카로웠고 내내 서로 냉랭했어. 도리스와 그랜트가 우리
보다 몇 분 늦게 와서 남자들이 정신이 팔린 사이 나는 릴리를
한쪽으로 데려가서 자매끼리 얘기했지. 물론 아무 소득도 없었

어. 릴리 말로는 얼윈이 사업 걱정 때문에 무척 초조해하느라 화를 잘 내게 되었댔어."

"얼윈이 니네 남편하고 동업하고 있었지, 내 기억으로는?"

"맞아, 그랜트도 동업자고. 신발 공장하고 관련된 일이지. 스티븐은 얼윈의 결정 몇 가지를 걱정하고 있었지만 자세한 내막은 모르겠네."

"그럼 모두가 도착한 다음에는 무슨 일이 있었어?"

밀러 양의 물음에 재클린은 찬찬히 설명했다.

"술을 좀 마셨고, 갑자기 얼윈이 릴리에게 소리를 질러대는 거야. 그러곤 자기 잔을 급히 비우더니 위층으로 쿵쿵대며 올라갔지. 릴리는 사과하고 얼윈에게 머리를 식힐 시간을 좀 주자고 했어. 반시간 후, 스티븐이 얘기를 나누고 돌아와서 얼윈은 괜찮지만 두통이 있어서 좀 나아지면 내려오겠다고 했다고 말을 전했어. 그래서 우리는 카나페를 먹기 시작했고 그랜트는 화장실에 갔지. 그랜트가 돌아온 지 오 분이 채 안 되어 총소리가 났어."

"혹시 그 방 치웠어?"

"아니. 경찰이 당분간 그대로 두라고 했어."

"경찰에게 벽난로를 수색해보라고 전해. 유감스럽지만 살인자는 생각보다 가까이에 있는 사람 같아."

Hint

왜 메리 밀러는 벽난로에 주목했을까?
타이밍

살인자가 외부인이었다면 눈에 띄지 않고 도망치는 게 어려웠기에 파티 참석자 중 한 명이 범인이었을 가능성이 높다. 피해자의 사업은 잘 풀리지 않았고, 스티븐과 그랜트는 둘 다 얼원이 잘못된 판단을 내린 탓이라고 비난했다. 그랜트는 화장실에 간다고 거짓말을 하고 얼원의 방에 올라가 소음기가 달린 권총으로 그를 쐈다. 소음기 덕에 아래층에서는 총소리처럼 들리지 않았다. 그런 다음 그랜트는 사용한 탄피를 챙기고 다른 총탄을 하나 벽난로에 던져 넣고 다시 파티에 합류했다. 몇 분 후, 총탄이 달궈지면서 폭발했고 모두들 그랜트에게 완벽한 알리바이가 있는 그때 얼원이 총에 맞았다고 생각하게 되었다. 총알은 더 무거워서 벽난로 안에 그대로 남았고 탄피는 방 안으로 튕겨져 나와 경찰에게 발견되었다. 다음날 경찰이 총알을 찾아냈고 그랜트는 그 얼마 후 자백했다.

가스 누출 자살사건
The Suicide

제프리 앨스턴은 늘 극적인 것을 좋아했다. 관심의 대상이 되면 그렇게 기뻐할 수 없었기에 자기 콧수염 끝에 불을 붙이거나, 값비싼 도자기로 저글링을 하는 등 유치한 묘기를 벌이는 경향이 있었다. 그에게는 고독이 크나큰 두려움이었고 피치 못하게 혼자 있게 될 때면 몹시 힘들어했다. 그래서 메리 밀러는 제프리 앨스턴이 죽었다는 소식을 들었을 때 크게 놀라진 않았다. 그녀는 작은 바구니에 음식을 챙겨서 혹시 도와줄 일이 있을까 하고 미망인 **나탈리 앨스턴**을 찾아갔다.

나탈리는 밀러 양에게 안겨서는 몇 분을 소리 내어 흐느끼고는 간신히 진정을 하고서야 이야기를 꺼냈다.

"난 도저히 모르겠어, 메리. 그이가 자살을 할 참이었는지, 아니면 평소대로 장난질을 치려던 게 잘못된 건지 말이야.”

밀러 양은 얼굴을 찌푸렸다.

“자살이라니?”

“내 말이! 제프리가 몇 주 동안 평소 같지 않게 가라앉은데다 좀 퉁명스럽기까지는 했지만, 그래도 자기 목숨을 스스로 끊으려 했을 줄은 꿈에도 몰랐어. 하지만 그게 아니면 달리 뭘 하려던 참이었는지 짐작도 안 가. 일요일 날 나는 어머니 집에 갔었어. 내가 외출한 사이 제프리는 집 사무실에 들어가서 방을 완전히 밀봉해버렸어. 말 그대로 문틈이며 온갖 틈마다 전부 테이프를 두껍게 붙였어. 창문도 마찬가지고. 그런 다음 가스관을 칼로 자르고… 조용히 질식할 때까지 기다린 거야.”

나탈리는 흐느낌을 억눌렀다.

“정말 안됐어, 나탈리. 이렇게 끔찍한 일이….”

“꼭 엄청나게 음험한 유머감각을 가진 악당이 꾸민 끔찍한 악몽에 빠져든 기분이야. 어마어마한 곰인형이 울부짖으며 방에 들어오거나 뭐 그럴 것만 같은 기분이라니까.”

나탈리는 어깨를 더욱 늘어뜨렸다.

“남편이 정신 나간 장난질을 치려던 거라고 생각할 수 있다면 덜 힘들텐데. 처음 그의 사무실

문에 테이프가 붙은 걸 봤을 때 가장 먼저 떠오른 생각이 그거였거든. 집 정원에서 일하던 정원사를 데려와서 문틈 테이프를 잘라달라고 해야 했지. 하지만 그런 다음 들어가 보니… 그 이후의 일은 사실 잘 기억이 나지 않아. 차라리 다행이지. 정원사가 경찰을 불렀어. 경찰은 자살이란 결론으로 만족하는 것 같더라고. 그 사람들이 가스관을 발견했거든. 하지만 유언장은 없었고…, 난 모르겠어. 계속 다른 가능성을 떠올리려고 하게 돼. 하지만 정신 나간 짓이 아닌 다른 설명은 떠오르지가 않아."

"이해하고말고."

밀러 양이 말했다.

"흠, 가스라. 뭔가 최면 상태를 유도하려던 시도가 빗나간 거 아닐까?"

나탈리는 고개를 저었다.

"제프리는 그런 종류의 허튼소리에는 질색을 했어. 현실적인 걸 좋아했지."

"과학 실험은?"

"그게 더 남편의 스타일이긴 해. 하지만 실험할 대상이 아무것도 없었는걸. 자기 자신이라면 모를까. 그래도 그렇게까지 무모한 사람은 아니라고 생각해."

"불꽃 실험이었을까. 혹시 가스 농도를 맞추려다가 깜박 잠이 들었다면…."

불길한 생각이 뇌리에 떠올라 밀러 양은 말끝을 흐렸다.

"오, 나탈리. 무모한 사고사가 아니었어. 제프리는 살해당한 거야."

Hint

메리 밀러는 어떻게 살인사건인지 알았을까?
문

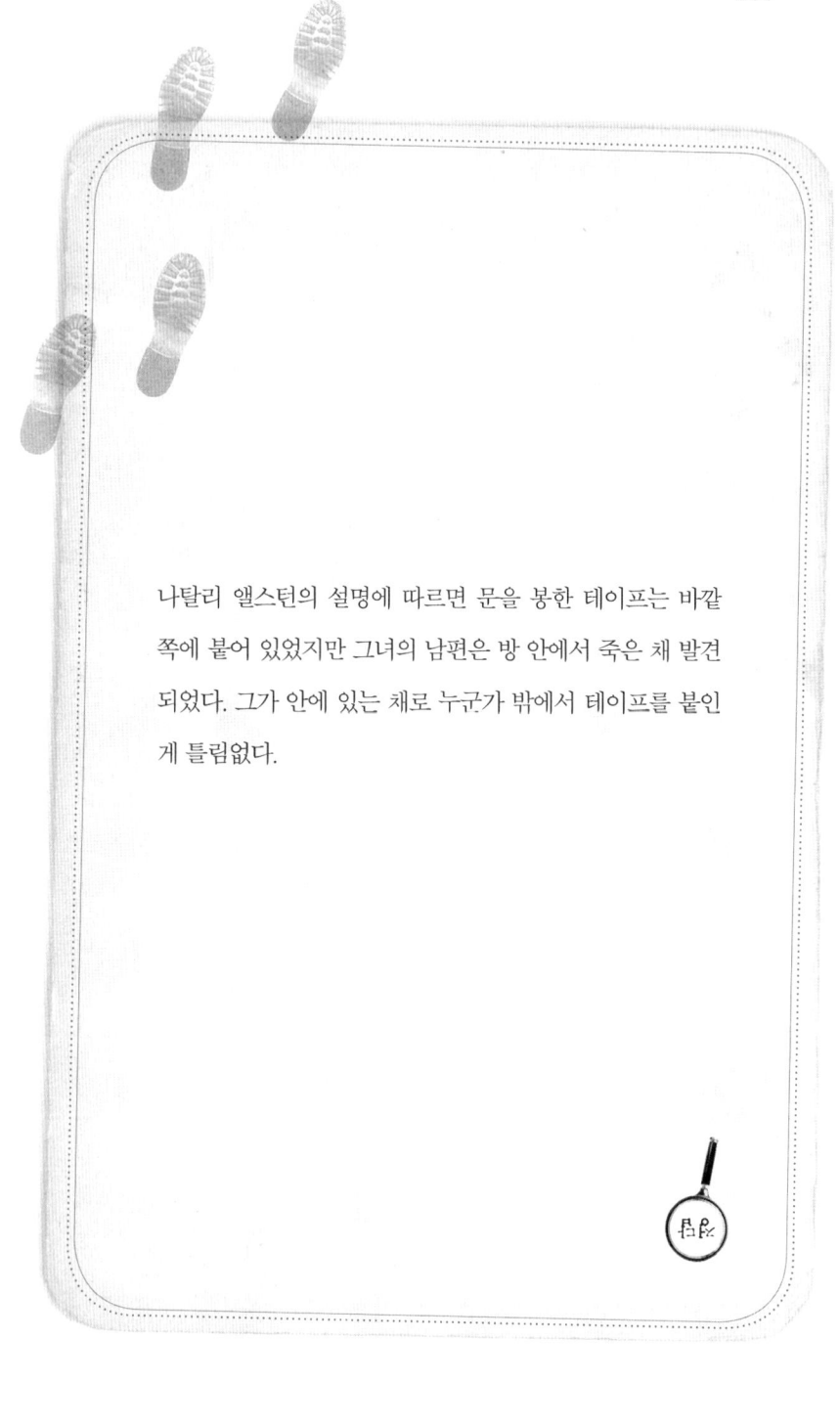

나탈리 앨스턴의 설명에 따르면 문을 봉한 테이프는 바깥
쪽에 붙어 있었지만 그녀의 남편은 방 안에서 죽은 채 발견
되었다. 그가 안에 있는 채로 누군가 밖에서 테이프를 붙인
게 틀림없다.

무대 뒤의 종달새
The Skylark

만약 부모가 스카이라크(종달새)라는 이름을 지어주었다면 인생을 살아갈 방향은 딱 두 가지뿐이고, **스카이라크 콜**은 그 이름을 그대로 받아들였다. 종달새만큼 자유롭고 분방했던 그녀는 명성을 얻은 이후로 흥미로운 스캔들과 가십의 여왕이 되었다. 하지만 이제 스카이라크는 공연하던 라운지 바 '페퍼스미스'의 드레싱 룸에서 심장을 찔린 채 발견되었다.

"그녀를 만나본 적 있어, 올리버?"

멜라니 러커는 몇 년 동안 페퍼스미스에서 공연자들의 의상과 분장을 돕는 일을 해왔다. 올리버 제임스는 고개를 저었다.

"개인적으론 아니야. 여기서 몇 번 보긴 했지. 목소리가 멋졌는데."

"멋진 사람이었어. 스스럼없지만, 절대 악의는 없는."

"그렇다고 들었어."

"이 업계에서 일하다 보면 그런 경우가 생각보다 훨씬 적거든. 대다수 공연자들은 꽤나 까다로워. 못된 사람들은 아니지만 조그만 일에도 쉽게 안달복달하고 자기 재능이나 미모가 사라질까 언제나 노심초사해하거든. 그게 아니면 어찌나 거만한지 자기가 하느님 다음 정도쯤은 되는 줄 알든가. 참 끔찍한 생활일 거야, 늘 그런 식으로 한없이 신경을 곤두세우고 엄청난 부침을 겪는다는 건. 한편으론 그냥 고약하고 못된 사람들도 있고. 그런 사람들하곤 그냥 최대한 안 부딪치는 게 상책이지. 하

지만 스카이라크는 달랐어. 많은 면에서 정말 순수하기 그지없었는데. 진짜로 근심이 없어 보였어. 무슨 일이 닥치든 미소 지으며 받아들였지. 음, 지금까진 말이야…."

"유감이야, 멜라니."

올리버가 말했다.

"고마워. 하지만 난 신경 쓸 거 없어. 다른 사람들에 비해 특히 가까웠던 것도 아닌걸. 그냥 참 안타까운 일이라서 그래."

"경찰은 뭔가 단서를 잡았고?"

"열성 팬이나 헤어진 애인이 아닐까 생각하고 있어. 여기 오자마자 건물 전체를 수색했지만 침입자는 없었지. 지금까지 알아낸 바로는, 누군가 드레싱 룸에서 그녀를 급습한 다음 무대 출입문으로 나간 것 같아. 도망치기가 어렵진 않았을 거야."

"그래?"

"한 번 직접 볼래? 넌 관찰력이 좋잖아. 경찰이 놓친 걸 발견할지도 모르지."

올리버는 어깨를 으쓱했다.

"그럴 것 같진 않지만, 모를 일이지."

"이리 와, 보러 가자."

멜라니는 올리버를 끌고 페퍼스미스를 나와 빙 돌아서 무대 옆쪽 줄입구로 갔다. 복도 조명은 침침했고, 어느 쪽에서든 몰래 숨어들기 쉬워 보였다. 멜라니는 옆문을 밀어 열고 무대 뒤쪽으로 올리버를 이끌고 문을 닫았다. 심각한 얼굴의 백발 여인이 문가 의자에 앉아 있었다.

"**줄리앤**, 이쪽은 제 친구 올리버예요. 제가 신원을 보증할게요."

멜라니가 말했다. 줄리앤은 고개를 끄덕이고 읽던 책으로 시선을 돌렸다.

멜라니는 올리버의 귓가에 속삭였다.

"이제 여기 문 안쪽에 늘 사람을 두고 있어. 여기가 유일한 출입구야. 흉기는 이곳에서 발견되었고."

멜라니는 문 안쪽 바로 몇 미터 떨어진 곳에 발끝으로 선을 그려 보였다. 그은 선은 거의 30센티미터 길이였다.

"20센티미터짜리 날에 자개 손잡이가 달린 칼이었어. 끔찍하지."

멜라니는 올리버의 손을 잡고 걸어갔다.

복도에는 여러 개의 문이 있었고 큰 의상실로 이어지는 계단이 있었으나, 어느 방에도 복도 쪽 창문은 없었다. 만약 당시에

계단이나 복도에 아무도 없었고 문들이 닫혀 있었다면, 눈에 띄지 않고 들어왔다가 도망치기는 식은 죽 먹기였을 것이다.

멜라니는 작은 은색별이 그려진 여러 개의 문들 중 한 곳 앞에 멈춰 섰다.

"스카이라크의 드레싱 룸은 여기였어."

노크를 한 다음 얼른 문을 열고 멜라니는 고개를 쏙 집어넣었다.

"아무도 없어, 들어와."

드레싱 룸 안은 완전히 평화로워 보였다. 불이 환하게 켜진 거울 앞 화장대에는 꽃병과 여러 화장품들이 놓여 있었다. 그 아래 의자가 하나 있었다. 나머지 공간 대부분은 금속 행거 두 개가 차지했다. 바닥은 콘크리트 그대로였다.

"카펫을 치워야 했어."

멜라니의 목소리가 살짝 떨렸다.

올리버는 고개를 끄덕였다.

"경찰에 얘기해야겠어, 멜라니. 살인자는 복도로 도망간 게 아니야. 유감스럽지만 내부자 소행이야."

Hint

올리버 제임스는 그 사실을 어떻게 알았을까?
칼

모두들 살인자가 칼을 버리고 바깥 골목으로 도망갔다고 생각했지만 칼은 무대 출입문 아주 가까이에 떨어져 있었고, 그 문은 안쪽으로 열렸다. 만약 살인자가 도망치려고 문을 열었다면 칼이 복도 안쪽으로 더 깊이 밀려들어왔어야 한다(또는 살인자가 문을 연 다음 칼을 떨어뜨렸다면 문이 닫힐 때 바깥쪽으로 밀려나갔어야 한다). 살인자는 칼을 떨어뜨린 다음 무대 뒤에 그대로 남아 있었던 게 틀림없다.

인질 납치 소동
The Captive

로잘린 레예스는 사흘 동안 실종되었고, 그녀가 발견된 것은 정말 드문 행운 덕분이었다. **앤드루 바움**은 산책광으로 그 지역의 산책하기 좋은 숲과 오솔길을 손바닥 들여다보듯 잘 알았다. 하루 휴가를 받은 앤드루는 이스턴 숲을 하이킹하며 전에는 가보지 않은 오솔길을 탐사하기로 마음먹었다. 한동안 걷다가 앤드루는 길을 잘못 들어 자신이 어디에 있는지 알 수가 없게 되었다.

왔던 길로 돌아가려던 참에 앤드루는 희미한 울음소리를 들었다. 그 소리를 따라가니 공터가 나왔고, 거기에는 무너질 듯한 움막이 한 채 서 있었다. 문틈으로 들여다보니 실종되었던 아가씨가 기둥에 단단히 묶여 있는 것이 보였다. 로잘린 레예스를 구출한 뒤 경찰은 숲의 그 부근에 수사망을 펼치고 기다렸다. 그날 오후 동안 세 남자가 해당 지역에서 체포되었다.

행운은 거기에서 끝났다. 레예스 양은 납치범에 대해 무엇 하나 아는 게 없었다. 첫날 정신을 차려보니 몸은 묶이고 눈이 가려진 상태였고 그 후 내내 그렇게 있었다고 했다. 로잘린 레예스는 납치범을 보지 못했을 뿐만 아니라, 그자는 그녀에게 닿는 것을 피했고, 꾸며낸 거친 목소리로 최소한의 말만 했다고 한다. 움막에서 발견된 증거물을 통해 범인이 그녀의 부모에게 몸값 요구를 막 할 참이었다는 것을 알아냈으나, 납치범의 신원 확인에 도움이 될 것은 전혀 없었다. 설상가상으로, 용의자 세 명의 소지품에도 아무런 단서가 없었다.

파나키 경감은 콧수염을 쓰다듬고 끄트머리를 짜증스레 비

틀었다. 유력한 용의자가 있어야 심층 수사를 진행할 수 있었다. 산책을 하면 생각을 정리하는 데 도움이 될 거라고 생각한 경감은 파이프와 진술록을 챙겨 들고 공원으로 향했다.

뉴튼 스티븐스는 숲에서 얼마 떨어진 이스턴에 사는 가난한 잡일꾼이었다. 그의 진술 기록은 상당히 분노에 차 있었다.

"그야 당연히 숲에 있었죠. 늘 숲에 가는걸요. 덫으로 토끼를 잡는 건 죄가 아니라고요. 최소한 전에 찾아봤을 땐 그랬어요. 덫을 살피러 가던 중이었죠. 금요일이랬나? 금요일에 달리 내가 뭘 하겠소? 아무것도 안 하지, 그 빌어먹을 애드리언이 빌어먹을 벽 공사를 중지한 후로는 말이오. 응? 움막? 당연히 내가 사는 데는 움막이 아니지. 멍청하긴. 목조 가옥이오, 움막 같은 소리 하네. 당장 풀어줘요, 안 그러면 해가 질 텐데 저녁으로 삶은 채소밖에 없다고요. 사람이 어떻게 삶은 채소만 먹고 사나, 토끼라도 좀 곁들여야지."

테런스 모스는 이스턴에 있는 술집에서 일했다.

"전 아무 짓도 안 했습니다. 산책 좀 했다고 사람을 이렇게 체포할 권리는 없어요. 임페리얼 같은 바에서 일하다 보면 오후에는 혼자만의 조용한 시간을 바라게 되죠. 뭘 찾는지는 모르지만 사람 잘못 잡은 겁니다. 아편이나 대마초 같은 건 안 해요. 열두 살 이후로 불선을 훔친 적도 없고요. 아뇨, 그 움막은 모르겠습니다. 근처에 간 적도 없어요. 어디 있는지도 모르고. 그 여자를 본 적도 없습니다. 그 비슷하게 생긴 사람이 임페리얼에 왔었다면 기억하겠죠. 이봐요, 제가 어디 살고 어디서 일하는지 다 알잖아요. 그냥 놔주면 안 됩니까? 정말로 지금 일자리를 잃으면 안 된다고요. 아무 짓도 안 했다니까요!"

마지막으로 **매튜 버드**는 이스턴에 있는 파이프 공장 기술자였다.

"오전 작업이 길어져서 싸온 점심을 먹으며 숲이나 산책하기로 마음먹었죠. 치즈와 피클 샌드위치요. 아주 맛있죠. 오전 일이 힘들 때면 종종 그렇게 점심 산책을 갑니다. 모든 것에서 벗어나 잠깐 휴식을 취하면 좋잖아요. 물론 우리 사장님은 이렇게 시간 버리는 걸 영 마땅치 않아 하죠. 형사님도 형사님 일을 하시는 건 알지만 후딱 끝낼 수 있잖아요. 저를 용의자들과 나란히 세워서 피해자에게 확인시키면 되지 않습니까? 기꺼이… 어네, 물론이죠, 협조하고 싶습니다. 아뇨, 그 움막이 눈에 익진 않네요. 파이프 문제가 있을 만한 곳은 아닌데요. 아뇨, 그 아가씨도 못 알아보겠고요."

파나키 경감은 생각에 잠겨 파이프를 툭툭 치며, 다시 진술록을 읽어보았다. 순간 얼굴이 환해지더니 그는 돌아서서 경찰서로 향했다.

Hint

파나키 경감이 의심하는 사람은 누구이며, 이유는 무엇일까?
눈가리개

매튜 버드가 납치범이다. 그는 로잘린이 자기 얼굴을 알아
볼 수 없기에 용의자를 쭉 세워놓고 범인을 가리키는 '라인
업'에서 자신을 지목할 수 없음을 알았다. 로잘린이 못 알아
보면 용의선상에서 벗어날 수 있고 또 혹시 필요하다면 그
주장이 법정에서도 유리하게 작용하길 바랐다.

메이드의 의심스러운 수입
The Tip

메리 밀러는 홍차 두 잔을 따라 한 잔을 맞은편으로 건넸다. **재스민 힐린스**는 고맙게 받아들고 정신이 팔린 채로 한 모금 마셨다.

"누가 불평하거나 그런 건 아니야, 그건 미리 알아뒀으면 해."

"물론이지."

밀러 양이 말했다.

"그래도 말이란 돌기 마련이니까, 안 그래? 하인들 중에 도둑이 있다면…."

"처음부터 얘기해주는 게 어때?"

재스민은 한숨을 내쉬었다.

"오, 메리. 그런 부담을 줄 순 없어."

"별 소릴. 내가 해줄 수 있는 게 그 정도뿐인걸."

"음, 네가 그렇게 말한다면야⋯. 지난 토요일, 남편이 클럽 친구들을 위해 작은 파티를 열었어. 부인들까지 합해 대충 스무 명 정도. 다들 작별 인사를 하는 사이, **스넬 부인**이 나한테 당장 좀 봐야겠다고 메시지를 보냈어. 난 다음날 약속에 뭔가 문제가 생겼나 했더니 그게 아니더라고. 부엌 메이드 **헤일리 존슨**이 식품실에서 고액권을 자기 지갑에 넣는 걸 봤다는 거야. 스넬 부인은 그 애를 불러 지갑을 보자고 했지. 헤일리는 부루퉁해져서

는 지갑을 넘겼고, 거기에는 그 애 한 달 월급이 넘는 돈이 있었지 뭐야!"

"충격적이네."

밀러 양은 이렇게 말하며 도대체 얼마나 메이드 월급을 적게 주는지 묻고 싶은 것을 참았다.

"그렇지. 그래도 남편더러 손님들에게 전화해서 우리 집에서 거금을 도둑맞지 않았냐고 물어보라고 시킬 수도 없잖아. 헤일리는 누군가 자기 쟁반에 놓은 책의 69쪽과 70쪽 사이에 지폐가 끼여 있었다고 그러네. 자기는 잔을 거두느라 바빠서 누구였는지 못 봤대. 그 고약한 계집애가 그건 팁이라고, 어느 신사분이 부인 눈에 띄지 않게 자기를 배려해주느라 그런 거라고 우기지 뭐야."

"그랬어?"

"진짜 어이없는 얘기지! 물론 남편 친구들 중 몇 명이라면 그러지 못할 것도 없긴 해. 그래, 솔직히 누구든 못할까 싶긴 해. 남자들이란 커도 애라니까. 하지만 그냥 샴페인을 가져다준 수고에 대한 팁으로는 지나쳐. 뭔가가 더 있었을 거야."

"그러네. 그 문제의 책은 살펴봤어?"

"어, 그래. 아일랜드 작가가 쓴 피와 보디스와 수상한 동유럽 귀족들이 잔

뚝 나오는 그런 끔찍한 책이야. 근데 확실히 남편 책이 맞고 막 책장에서 뺀 거였어. 살펴볼 만한 정보는 전혀 없었는걸."

"알겠어."

밀러 양이 말했다.

"남편은 모든 사람들에게 대놓고 묻진 않고, 이후에 그날 저녁 즐거우셨냐 뭐 그렇게 돌려 얘기했지만, 아무도 전혀 심란해하는 거 같지 않았대. 다들 정말 근사한 시간이었다

고들 그랬지. 누구도 우리 집 메이드 헤일리 얘기를 꺼내지 않았고."

"안됐지만 이 일은 그냥 있는 그대로 받아들여야 할 거 같아, 재스민. 그 메이드는 주의 깊게 지켜봐야겠지만, 누가 나서기 전엔 달리 어쩔 수가 없겠어."

재스민이 가고 나자, 밀러 양은 헤일리 존슨에게 짧은 편지를 익명으로 썼다.

이번의 작은 횡재는 받을 만하다고 보지만 앞으로 지켜보겠어요.
주인댁 가족이나 다른 손님들에게서 뭘 훔치면 내가 직접 경찰서
에 끌고 갈 테니 그리 알아둬요.

- 지켜보는 이로부터

메리 밀러는 편지를 봉하고 눈에 띄지 않게 배달되도록 시킨
다음, 자기 일로 돌아갔다.

Hint

메리 밀러는 어떻게 훔친 돈이라는 것을 알았을까?
책

책은 첫 번째 낱장의 앞면에서부터 페이지 번호를 순서대로 매긴다. 69쪽과 70쪽은 같은 종이의 앞뒷면이 된다. 무슨 책이든 간에 그 두 쪽 사이에 뭔가를 끼워 넣는다는 것은 불가능하다.

수정구슬의 행방
The Crystal Ball

올리버는 **알리샤**의 수정구슬이 꽤 멋지다고 인정했다. 직경 15센티미터 정도의 반짝반짝 빛이 나는 희뿌연 한 수정구슬이었다. 구슬 안 깊숙이에 박힌 뿌연 결점이 촛불에 반짝이며 눈길을 끌었다. 그러나 그 수정구슬이 어떤 힘을 가지고 있든지 간에 자리에 앉자마자 요란스럽게 그걸 꺼내어 자기 앞 얼룩진 보라색 펠트 천 위에 올려놓은 구슬 주인에게는 아무런 예지력을 주지 못하는 듯했다.

아담은 그걸 보고 질색했으나 입은 다물었다. 그는 예의 바른 집주인이라 차마 불쾌감을 표시하지 못했다. **로니**는 움찔했지만 그 역시 조용히 있었다. 하지만 **미아**는 그런 예절 따윈 지키지 않았다.

"세상에, 알리샤. 우리한테 또 그
돌팔이 점쟁이 짓을 하려는 건
아니겠지?"

알리샤의 눈이 가늘어
졌다.

"네가 이해할 거란 생각은 안 했어. 미래 예언은 섬세한 재능
이야. 이 수정구슬은 삼백 년 전에 치타공(방글라데시의 도시 -
옮긴이)의 마하라자가 자기 점술가들을 위해 만든 거야. 최고로
수련한 사람들만이 쓸 수 있는 힘이 가득 차 있지."

'벼룩시장에서 몇 푼 주고 산 것에 더 가깝겠지.'

올리버는 생각했다.

미아가 코웃음을 쳤다.

"구슬을 들여다보고 너의 이 지겨운 점술가 노릇이 얼마나
오래 갈지나 얘언해주지 그러니? 전혀 재미가 없다구."

"나는 수확제 날에 각성했어. 이젠 내 운명에서 벗어날 수 없
다구."

알리샤는 굳은 목소리로 말했다.

"두 주라고?"

미아는 믿어지지 않는다는 말투였다.

"이 년도 더 된 기 같은데."

"커피 더?"

억지로 명랑한 목소리를 내고 아담이 큰 커피 주전자를 들고

돌아다니며 모두의 잔에 따라주었다.

올리버가 그 틈을 타 말했다.

"하이킹 갔던 거 어땠는지 얘기해줘, 아담."

감사의 미소를 지으며 아담은 지난 주말 언덕에서 겪었던 길고 재미있는 모험담을 풀어놓기 시작했다. 거기서 가지고 온 들꽃 표본들을 보여주었고, 그다음은 다른 친구가 알리샤를 르네상스 예술 토론으로 끌어들여 모든 것이 정상으로 돌아갔다.

그 이후 오후 시간은 즐겁게 흘러갔다. 아담은 손님들을 식당으로 안내하여 늦은 점심으로 차가운 고기 요리와 술을 한없이 대접했다. 슬슬 갈 시간이 되었지만 누구도 쉽게 엉덩이를 떼려 하지 않았다. 그래도 올리버가 갈 준비를 하고 있는 참에 응접실에서 분노의 고함 소리가 났다. 들어가 보니, 알리샤가 정신없이 사방을 둘러보고 있었다.

"내 구슬! 내 구슬이 없어졌어!"

"어디서 나오겠지."

올리버는 하품을 참으려 애쓰며 다독였다.

"아마도 마하라자에게 돌아가려고 영의 세계로 올라갔나 보지."

미아가 그의 뒤에서 말했다. 알리샤는 그녀를 째려보았다.

이제 식은 커피만 가득 담긴 테이블 위 포트를 아쉬운 눈길로 쳐다보며, 올리버는 알리샤를 도와 방 안을 뒤져보았다. 수정구슬은 흔적도 보이지 않았다. 엄청나게 화를 내며 알리샤는

노골적으로 미아 탓을 하고는 집을 나
갔다.

몇 분 후, 올리버도 작별 인사를 했
다. 그는 아담에게 즐거운 시간이었다
고 감사를 표한 다음, 단호한 시선을
친구에게 보냈다.

"물론 알리샤에게 돌려주겠지?"

"뭐? 무슨 말인지…."

아담은 말을 더듬거리다가 올리버의
침착한 눈길 아래 말꼬리를 흐렸다.

"아, 알았어. 물론 돌려줄 거야. 원래
그럴 참이었고. 그렇지만 요 몇 주 동안
알리샤가 너무 지겹게 굴잖아. 장난 좀
친 거야."

"그러다 말겠지. 전에 꿀벌 일 기억나?"

아담은 침울하게 고개를 끄덕였다.

"너무 잘 기억나지. 하지만 도대체 어떻게 알았어, 올리버?"

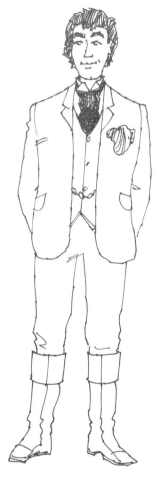

Hint

올리버 제임스는 어떻게 아담이 수정구슬을 가져간 것을 알았을까?
테이블

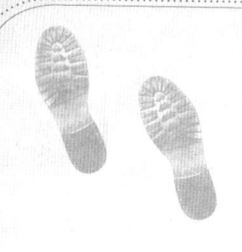

최소한 여섯 잔의 커피를 따랐는데도 주전자가 가득 차 있
었다. 모두 식당으로 간 다음, 아담은 수정구슬을 얼른 커피
주전자에 넣었고 그 바람에 커피가 거의 넘치기 직전까지
찬 것이다. 그는 며칠 후 수정구슬을 돌려주었다. 알리샤는
다시 구슬 얘기를 꺼내지 않았고 한 달이 지나고 나자 신비
로운 예지력에 대해선 전부 잊어버렸다.

사라진 살인자
The Missing Murderer

파나키 경감은 파이프 담배를 피우며 대형 주차장 주위를 돌아다녔다. 그의 짜증의 대상은 주차장 한가운데에 주차된 작고 낡은 트럭이었다.

"도무지 알 수가 없네요, 경감님."

데이먼 올리버스는 주차장이 내다보이는 작은 식품점의 야간 근무 직원이었다.

짜증을 숨기고 파나키 경감은 남자에게로 돌아섰다.

"사건 순서는 확실한 겁니까?"

"네, 물론이죠."

"한 번 더 주욱 얘기해주시겠습니까?"

데이먼은 고개를 끄덕였다.

"저녁 청소와 정리를 하던 중이었어요. 보통 이 시간에는 상당히 한적해서 그때 바닥을 쓸고, 진열대에 상품을 채우고, 상한 건 버리고 뭐 그런 잡스러운 일을 합니다. 밀가루 포대 중 하나가 찢어져서 조금 새나온 걸 치우려던 참이었죠. 어마어마한 쾅 소리가 나고 온갖 것이 다 흔들리더라구요. 밀가루가 구름처럼 일어나서 욕이 절로 나왔죠."

"그럴 만하죠."

파나키 경감이 말했다.

"거의 그 즉시 호루라기 소리를 들었어요. 가게 앞으로 가보니 연기가 가득하고, 그 한가운데 트럭이 있더군요. 베리츠 의상실 문이 닫히고 있었고요. 경관 두 명이 뛰어오는 게 보였습니다. 베리츠에서 총소리가 여러 번 났어요. 벽 너머로 들리더군요. 경관 중 한 명이 권총을 뽑아들고 응사했어요. 그다음엔 한동안 난장판이었죠. 고함소리에 총소리, 호루라기 소리. 전 그때쯤엔 카운터 뒤 바닥에 엎드려 있었고요. 나머지는 부하 분들에게서 들으셨을 줄 압니다."

"그랬죠. 그리고 의상실에 뒷문이 없는 건 확실하고요?"

"분명히 없어요. 여기 상점들은 다 똑같은 구조거든요. 넓은 매장, 작은 뒷방, 조그만 휴게실. 그것뿐입니다. 출입문은 매장을 거치는 것 하나뿐이에요. 글쎄요, 벽을 무너뜨린다면 혹시 모를까."

파나키 경감은 고개를 저었다.

"벽은 다 멀쩡해 보입니다."

"그럼 누군지 이걸 저지른 놈은 도망쳤단 뜻인가요?"

"시간 내주셔서 감사드립니다, 올리버스 씨. 많은 도움이 되었습니다."

데이먼 올리버스는 쓸쓸한 웃음을 지으며 고개를 끄덕였다.

"저는 앞으로 반시간은 가게를 치우고 있을 테니 필요하면 또 부르세요, 경감님. 행운을 빕니다."

파나키 경감은 식품점을 나와 트럭으로 향했다. **크리스토퍼 콜리지 경관**이 그가 다가오는 모습을 지켜보고 있었다. 그는 현장에 제일 처음 도착한 경찰이었고, 아직도 충격이 가시지 않은 듯한 모습이었다.

"오셨습니까, 경감님."

"그래, 콜리지 경관. 지긋지긋하겠지만 한 번만 더 사건을 요약해줄 수 있을까?"

"전 폭발음을 듣고 달려왔습니다. 파트너 **리**가 저와 함께 있었는데 근처에서 또 총소리가 나더군요. 트럭이 은행 운송용인 것을 알아보고, 그 폭발이 누군가 금고를 날려버리려고 한 것이라 짐작해서 권총을 꺼냈습니다. 제가 트럭에 접근하는 사이, 상점가의 세 번째 가게에서 총이 계속 발사되었습니다. 저도 응사했고요. 다른 경관 몇이 도착해서 합세했습니다. 가게에서 더 이상 총이 발사되지 않는 것을 확인하고, 저희는 사격을 중단하고 무기를 밖으로 던지라고 소리쳤습니다. 아무 대답이 없기에 몇 분이 지나고 저는 가게로 들어서면서 범인더러 바닥에 엎드리라고 소리치며 나아갔습니다. 정면 창문 근처 바닥에 권총 한 자루가 떨어져 있었고, 트럭 운전수가 수갑을 차고 문을 등진 채 가게 안쪽에 쓰러져 있었습니다. 뒤통수에 총을 맞았더군요. 살인범은 흔적조차 보이지 않았습니다. 샅샅이 수색했는데도요."

"그러고 혼란을 틈타 살인범이 앞문으로 빠져나왔을 가능성은 없고?"

"없습니다, 경감님. 첫 총성이 들린 순간부터 저희가 들어갈 때까지 경찰이 그 문을 계속 지켜보고 있었습니다."

파나키 경감은 고개를 끄덕였다.

"분명 그랬을 거라 믿어, 경관. 고맙네. 놈이 어디 있는지 알 것 같아."

Hint

총잡이는 어디 있을까?
피해자

살인자는 없다. 트럭 운전수는 자기 차에 실린 금고를 부숴 내용물을 훔치려 했다. 불행히도 경찰이 아주 가까이에 있었다. 그래서 그는 의상실 문을 걷어차고 들어가, 바깥 주차장 빈 공간에 권총을 몇 발 쏘고는 총을 버렸다. 그런 다음 재빨리 자기 손목에 수갑을 채우고 가게 안쪽으로 들어갔다. 자신은 인질로 붙잡혔으며 도둑은 도망쳤다고 꾸밀 참이었다. 불행히도, 그는 안으로 도망치던 중 경찰이 쏜 총알에 맞아 사살되었다.

마지막 유언장
Last Will And Testament

전반적인 상황을 고려해보면 **엘리 윌리엄스**는 상당히 잘 버티고 있었다. 사랑하는 남편을 갑자기 잃는 것만으로도 보통 감당하기 힘들 마당에, 남편의 유언장에서 완전히 배제되었다는 사실을 안 건 남편의 사망으로 인한 충격에 더 아픈 모욕을 얹어준 셈이었다.

"돈 문제가 아니야."

엘리 윌리엄스가 울먹이며 말했다. 메리 밀러는 엘리의 손을 꼭 잡아주었다.

"정말 이해할 수가 없어! 내가 뭘 잘못한 걸까? 상상할 수가 없어… 남편은 행복해 보였다고. 하지만 날 미워했던 거야!"

"그럴 리 없어, 엘리. 누가 널 미워할 수 있겠니."

밀러 양이 말했다. 엘리는 훌쩍였다.

"말이라도 고마워, 메리. 하지만 분명히 뭔가가 아주 잘못되어 있었던 거야."

반박하기 힘들었다. **로버트 윌리엄스**는 자던 중에 심장발작을 일으켰는데 잘 먹는 육십대 초반 남자에게 그런 일은 그렇게 드문 운명도 아니었다. 시립대학 영문학과 교수로 여러 해 동안 편안하게 종신 교수로 재직해왔으며, 육체적으로 힘든 일은 그다지 선호하지 않기도 했다.

하지만 로버트의 유언장은 충격이었다. 유언장에 따르면 그는 시립 오케스트라에 전 재산을 남겼고 스물다섯 해를 함께 살아온 아내에겐 아무것도 주지 않았다. 말이 되지 않았다. 로버트는 오케스트라 공연을 꽤 열성적으로 즐기긴 했으나 전 재산을 기부하기엔 미약한 근거로 보였다.

"그 유언장은 어디에 보관되어 있었니?"

밀러 양이 물었다.

"그이 학과 사무실에. 뭘 물어보려는지 알아. 온갖 사람들이 드나들 수 있는 곳이지만, 남편의 필체가 맞아. 보여줄게."

엘리는 급히 사라졌다가, 잠시 후 한 손에 유언장을 그리고 다른 손에 보고서용 메모를 들고 나타났다. 필체는 확실히 일치하는 듯했고, 유인장 자체는 단순명료해 보였다.

나, 로버트 앨런 윌리엄스는 건강한 정신과 판단력으로, 내 자신의 자유 의지와 의사로 여기 나의 마지막 유언장을 기록하는 바이며, 이것으로 기준에 작성된 모든 유언장들은 전면적으로 완전히 무효화된다.

이에 나는 내가 소유한 모든 것과 남은 재산을 전부 시립 오케스트라단에 유증한다.

I, Robert Alan Williams,

being of sound mind and judgment:

Do, of my own free will and accord, hereby record my

last will and testament, fully and explicitly revoking

any and all preceeding testaments in every particular.

I hereby bequeath all my earthly possessions and

residuary estate, including such parts as may fall

after the lapse of my living interests, in entirety, to

the City Chamber Orchestra, form now into perpetuity.

그다음에는 일반적인 날짜와 서명이 있었다. 밀러 양은 턱을 톡톡 치며 생각에 잠겼다.

"그래, 무슨 말인지 알겠어. 글씨가 확실히 똑같아 보이네. 혹시 그가 좀… 멍해지는 징조는 없었고?"

고개를 내저으며 엘리가 말했다.

"한동안 몸이 좀 안 좋긴 했지만 정신은 말짱했어."

"몸이 안 좋아?"

"그냥 만성질환 같은 거야. 심각한 건 아니고."

"혹시 그에게 적이 있었는지는 모르지?"

엘리는 그 말에 놀란 듯했다.

"적? 영문학과 교수가? 그럴 리가 있겠니. 학계에 앙심을 품은 사람이 있을 순 있고, 라이벌이야 있지. 종신 교수직 자리가 나기를 초조하게 기다리는 사람들이야 늘 존재하기 마련이거든. 하지만 아니, 그중 누구도 적이라고 할 정도는 아니야."

밀러 양은 한숨을 쉬고 엘리의 손을 다시 꼭 잡아주었다.

"그 점은 네가 잘못 안 게 아닐까 싶어. 이 유언장은 분명히 위조된 거고, 로버트가 살해된 게 아닐까 무척 걱정스러워."

Hint

왜 메리 밀러는 유언장이 위조라고 생각할까?
유언장

로버트 윌리엄스는 영문학과 종신교수였다. 'preceding(번역문에선 '기존' 대신 '기준'으로 표기했다 – 옮긴이)'이 영어에서 가장 흔하게 철자가 틀리는 단어 100개 중 하나라는 점을 고려하면 그가 유언장 같은 중요한 문서, 특히 사랑하는 아내에게서 상속권을 박탈하는 문서에서 e를 두 개 쓰는 잘못을 저지를 가능성은 아주 희박하다. 누군가 로버트 윌리엄스와 가족을 최대한 해코지하고 싶은 사람이 그를 죽이고 가짜 유언장을 썼다.

명품 플루트 절도사건
The Case of the Fine Flutes

'라이너 명품 악기상' 도난사건의 타이밍은 우연이라기엔 너무도 완벽하다는 것이 파나키 경감의 견해였다. 그는 파이프 담배를 뻐끔거리며 생각에 잠겼다.

가게 주인인 **매셔스 라이너**는 바로 그날 오후 은제 키가 달린 값비싼 황금 플루트들을 독일에서부터 받았다. 거의 대부분이 선주문이었고 다음날 아침 고객들에게 일제히 발송될 예정이었기에, 계획적인 사건이었다고 보는 게 옳을 듯했다. 절도범들은 물론 플루트만 훔쳐간 게 아니었다. 며칠 동안의 현금 매상과 그 밖의 값진 악기들 몇 가지도 같이 도둑맞았다. 플루트는 아무래도 녹여버릴 것 같다며 라이너 씨는 창백한 얼굴로 말했다.

악기상 주인은 보험을 들어놓기는 했지만 플루트 같은 일반

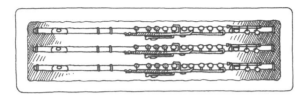

적이지 않은 물품은 포함되지 않았기에 혐의를 벗었다. 오히려 도난사건으로 인해 완전히 망할 가능성이 높았다. 그러면 물품 발송에 대해 알고 있던 사람은 네 명으로 좁혀진다.

리처드 포프는 매셔스 라이너의 조수였다. 이십대의 준 프로 연주자로, 리처드는 플루트 도난사건에 매셔스만큼이나 경악한 듯이 보였다. 리처드는 거의 이 년 동안 전업 바이올리니스트 일자리를 구하려 노력해왔지만, 그사이 라이너 명품 악기상에서 일하는 것에 만족하고 있는 듯했다. 그는 시내 반대쪽에 있는 작은 뮤직 바에서 전날 밤늦게까지 연주를 했고 그 사실을 증명해줄 증인이 스무 명 남짓 있었다.

오웬 노튼은 가게에 플루트를 배달했다. 오웬은 가게 주인 매셔스, 조수 리처드와 물건에 대해 잡담을 했다. 특히 가게 주인은 악기가 엄청난 물건이라며 자랑을 늘어놓았다고 한다.

"전 어젯밤 누나 집에 있었는데요."

오웬이 말했다.

"저희 부부는 격주로 거기 갑니다. 아주 맛있는 생선 파이를 먹었고, 그다음 조카딸이 최근 합창단에서 배운 노래를 들려줬지요. 라이너 씨 플루트 이야기는 아무한테도 안 했습니다. 다른 사람 사업을 그렇게 떠들고 다니는 건 옳지 않아요."

제임스 해럴은 라이너 명품 악기상의 단골손님으로 플루트가 배달되었을 때 가게에 바이올린 줄을 사러 와 있었다.

"네, 가게 주인 라이너 씨가 조수와 플루트 얘기하는 건 들었죠. 대단한 물건 같던데요. 안타깝지만 제 영역은 아닙니다. 전 현악기만 다루거든요. 어젯밤요? 아내 **알바**와 함께 외출했죠. 애비뉴에서 〈맥베스〉를 공연하고 있거든요. '잔인하게, 대담하게, 흔들림 없이, 인간의 힘으로는 어림도 없으리!' 근사한 작품이죠."

그는 약간 구겨지긴 했지만 그 외엔 말짱한 전날 밤 〈맥베스〉 공연 표를 내보였고, 몇 분 동안 더 연극 대사를 읊었다.

마지막으로 **맨프레드 밀러**는 매서스에게 플루트를 판 사람이다. 그는 독일 쾰른에 살고 있으며 매서스와는 오랫동안 알고 지냈다. 맨프레드가 물건을 훔칠 작정이었다면 몰래 해외까지 와서 옛 친구를 파산시키기보다는 독일에서 결행했을 것이다.

아니, 이 모든 것은 울적해질 만 큼 뻔하다고 파나키 경감은 결론지었다.

Hint

파나키 경감은 누구를 범인으로 의심하고 있을까?
알리바이

제임스 해럴이 도둑이다. 그는 전문 범죄자가 아니라 그저 재정적 곤란을 겪고 있는 사람으로, 그 플루트가 얼마나 비싼 물건인지 알게 되자 자신의 금전 문제를 해결할 기회다 싶어 다급한 마음에 계획을 생각조차 하지 않고 뛰어들었다. 〈맥베스〉에 열정을 보이긴 했지만, 연극표는 입장할 때 한쪽을 찢어내거나 다른 표시를 남기게 되어 있는데 그런 흔적 없이 약간만 구겨진 채 온전했다.

나르시시스트의 죽음
The Narcissist

파나키 경감은 생각에 잠겨 파이프를 손바닥에 대고 톡톡 두드렸다. **에이든 피어스**는 범죄자적 성향이 있고 자기만 아는 인간이지만 교묘히 법의 테두리 안에서 활동했기에 경찰은 그를 기소할 수 없어 지긋지긋해하는 상황이었다. 당연히 그가 살해되었다는 소식에도 경찰은 시큰둥하게 나왔다. 그래도 그의 사망을 통보할 때 젊은 아내가 해방의 기쁨에 눈물을 터트리자 경관이 난감해하긴 했다. 파나키 경감은 먼저 아내와 면담을 하기로 결정했다.

애너베스 피어스는 파나키 경감과 만날 땐 평정을 찾은 후였다. 스물두 살의 날씬한 여자로, 약간 튀어나온 눈 때문에 깜짝 놀란 사슴 같은 인상이었다.

"아침에 있었던 일은 사과드려야 할 거 같아요."

그녀가 말했다.

"죽은 사람은 나쁘게 말하는 게 아니라지만, 남편은 결혼 상대로는 최악이었죠. 가끔 무섭게 성질을 부려대는데다 저를 절대 놓아주지 않았을 거예요. 소식을 듣고 마치 제 영혼이 자유로워진 기분이었어요."

파나키 경감은 예의바르게 고개를 끄덕였다.

"물론이죠. 혹시 그를 죽이고 싶어 할 만한 사람 아십니까?"

애너베스는 쓸쓸하게 웃었다.

"그와 함께 오 분 이상 있었던 사람이라면 누구나요?"

"그렇군요. 그래도 특별히 생각나는 사람은요?"

"제가 알기론 없어요."

"오늘 아침 일곱 시 삼십 분부터 여덟 시 삼십 분 사이에 어디 계셨는지 여쭤볼 수밖에 없다는 것 이해하시겠지요."

애너베스는 고개를 끄덕였다.

"시장에서 장을 보고 있었어요. 혹시 남편이 점심 먹으러 올 경우에 대비해 뭐든지 매일 오전에 신선한 걸로 사야 했고, 그 다음엔 오후에 다시 저녁거리를 사야 했죠. 낭비가 말도 못해요. 제가 매일 온다고 증명해줄 가게 주인들이 몇 명 있어요."

에이든 피어스의 조수 **마이클 솔라스**는 삼십대 초반이었다. 그는 피곤해 보였으며, 벌써부터 머리가 벗겨지고 있었고 안색도 칙칙했다.

"네, 제가 시체를 발견
했죠."

마이클이 파나키 경감에게 말
했다.

"피어스 씨는 늘 일곱 시 삼십 분 전에
왔어요. 나머지 직원들은 절대 여덟 시 삼십
분 전에는 사무실에 출근하지 말라는 지시를 받았죠. 아침에 한
시간 정도 남에게 안 보일 서류를 처리했거든요. 보자마자 죽었
다는 걸 알았어요. 탁 풀린 얼굴로 책상에 엎드려 있고 피가 사
방에 흥건했죠."

파나키 경감은 고개를 끄덕였다.

"피어스 씨를 살해하고 싶어 할 만한 사람 혹시 아십니까?"

"자기중심적인 사기꾼에 폭군이었어요. 인기 있을 만한 성격
이 아니죠. 개인적으로는 싫었지만 그래도 이렇게 죽으니 난감
하군요. 새 직장을 찾아야 하니 말이에요. 전 평소대로 여덟 시
십 분까지 약혼녀와 함께 집에 있었고, 그다음 곧장 사무실로
왔습니다."

앤서니 스튜어트는 에이든 피어스 회사에서 회계를 담당했다.
키가 크고 말랐으며 마이클 솔라스보다 몇 살 많았고, 도서관
사서 같은 느낌이 들었다. 말을 해보니 거의 딱딱 끊어지는 듯
한 정확한 억양이었다.

"피어스 씨의 실제 사업에 대해선 전 거의 아는 바가 없습

니다."

앤서니 스튜어트가 말했다.

"자기 아랫사람들이 배신을 꾸밀 만큼 정보를 얻지 못하게 하려고 연막을 쳤죠. 참 유감스런 일입니다. 그가 작성하던 화물 적하 목록을 좀 보고 싶었는데 말이죠."

"그럼 피어스 씨에게 원한을 품었을 사람에 대해선 아시는 게 없습니까?"

"없습니다. 그는 많은 사람들을 불행하게 하고 떠났죠. 제 행적이라면 여덟 시 이십 분까지 집에 있다가 여기 여덟 시 사십오 분에 도착했죠. 아내가 증언해줄 겁니다."

마지막으로 면담한 **노아 퍼햄**은 사무직 일반 직원이었다. 젊고 건강한 근육질의 노아 퍼햄은 모자란 학력을 솔직하고 활달한 성격으로 보충했다. 그는 아침 사건에 전혀 심란해하지 않는 듯했다.

"누가 마침내 그 늙은이를 해치웠군요. 늦든 빠르든 벌어질 일이었죠. 좋은 사람이 아니었어요."

"누구일지 짐작이 가십니까?"

"세상에, 아뇨. 누구든 가

능했겠죠. 제가 아는 한에선 최근에 대놓고 위협한 사람은 없었습니다."

"오늘 아침 일곱 시 삼십 분 이후 어디에 계셨습니까?"

"부두에요. 물품 배달 건이 있어서. 거기 사람들이 확인해줄 겁니다."

일단 노아 퍼햄이 나가고 나자 파나키 경감은 의자에 등을 기대고 혼잣말을 했다.

"아주 깔끔하게 해결되는군."

Hint

파나키 경감이 의심하는 사람은 누구일까?
서류

앤서니 스튜어트는 시체가 발견된 후에 도착했다면서 에이든 피어스가 화물 적하 목록을 작성하고 있었다는 사실을 알았다. 조수 마이클 솔라스는 에이든 피어스가 아침 서류 작성을 남에게 보이지 않으며, 시체가 책상 위에 쓰러져 있었고 사방에 피가 홍건했다고 증언했다. 에이든 피어스가 작성하고 있던 서류가 무엇인지 앤서니 스튜어트가 알 방법은 그가 살인자였기 때문일 가능성이 제일 크다. 수사에 착수하자 그는 자백했다. 에이든 피어스의 벌컥 하는 성질과 괴롭힘을 더 이상 참을 수가 없어 앤서니는 일찌감치 와서 피해자의 목을 칼로 그어버렸다.

유언장 살인사건
Price's Mistake

대부분 유언장을 비공개로 두는 건 다 그럴 만한 이유가 있는 법이라고 파나키 경감은 생각했다. **벤저민 프라이스**는 가족들을 불러 모아 유언장을 변경하려 한다고 통보했다. 그전에 그는 각자 현재 유언장에선 정확히 얼마를 받게 되어 있는지 알려주고 그 액수를 받을 만한지 다음날 아침까지 얘기해보라고 했다. 만약 답변이 마음에 들지 않으면 그 사람 몫은 길고양이들을 보살피는 지역 자선단체에 남기는 걸로 바꾸겠다고 했다.

한 시간 반이 안 되어 그는 살해되었고 사인은 여러 가지 독약들의 조합으로 인한 것이었다.

유족들은 다음날 아침 정도는 서로 달랐지만 아직 충격에 휩싸여 있었다. 파나키 경감의 첫 면담 상대는 동업자 **셰인 마시**였다. 벤저민 프라이스보다 몇 살 젊은 그는 벤저민 프라이스의 요청에 의해 가족 모임에 함께하게 되었다고 한다.

"벤저민을 설득해서 그만두게 하려 했죠."

셰인 마시는 파나키 경감에게 슬픈 어조로 말했다.

"하지만 벤저민은 가족들의 표정을 보고 싶어 했습니다. 혹시 제가 더 노력했더라면 어땠을까 하는 생각이 자꾸…. 가족들은 그 시험을 통과할 방법 자체가 없다는 걸 몰랐죠. 벤저민은 이미 어떻게 되든 고양이들에게 다 주려고 마음먹었어요. 그냥 가족들이 마음 졸이고 자기 가치를 증명해 보이려 애쓰는 걸 본 다음, 그 면전에 대고 기존 유언장을 찢어버리고 싶었던 거죠. 쓸데없는 충동으로 정말 큰 대가를 치르고 말았군요. 제겐 참 좋은 친구였기에 그리울 겁니다. 전 가족 모임이 끝날 때까지 그 집에 있긴 했지만 끝나고 곧장 나와서 회원으로 있는 클럽에 갔습니다. 자정까지 거기 있었고요. 이 모든 것이 감당하기 좀 힘들군요."

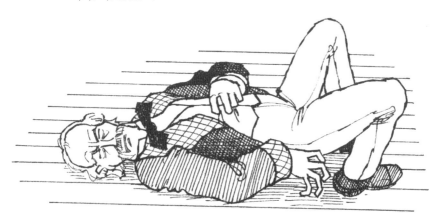

새런 프라이스는 벤저민의 세 번째 아내였다. 남편보다 서른 살 정도 연하로, 그녀는 전날 저녁의 사건들을 유난히 힘겨워하고 있었다.

"정말 모르겠어요. 전 남편을 사랑했는데 왜 저한테 이랬을까요? 무슨 장난 같은 건가요? 이제 전 어쩌면 좋을까요?"

파나키 경감은 그녀를 다독여 자신은 그 질문에 답할 수 있는 처지가 아님을 이해시킨 다음, 전날 저녁 사건으로 돌아갔다.

"무슨 일로 모이는지 전혀 몰랐어요."

새런이 말했다.

"그리고 그가 폭탄을 떨어뜨리고 우릴 남겨두고 방에서 나갔죠. 저는 그 자리에서 꼼짝도 않고 앉아 있던 와중에 **케이시**가 남편이 죽었다고 외치며 들어왔어요. 그게 아홉 시 조금 넘어서였어요. 메이드인 **앨리슨**이 혹시 필요할까 해서 저와 내내 같이 있었어요. 다른 사람들은 왔다 갔다 드나들었고요. 남편이 얘기를 끝내자마자 간 마시 씨만 예외죠. 케이시가 한동안 옆에 있어줬어요. 참 친절하죠."

케이시 프라이스는 벤저민이 첫 번째 아내와의 사이에서 낳은 아들이었다. 새런보다 겨우 몇 살 어렸고, 시내의 호화 아파트에 살았다.

"무슨 일을 하냐고요? 예술 감상을 한다고 하면 되겠군요. 전 아름다움에 빠져 있거든요. 네, 아버지의 선언에 놀라긴 했죠. 그렇지만 원래 별난 양반이었어요, 충동적이고 계산적으로 잔

인하게 구는 습관이 있고. 그 빌어먹을 고양이들과 비슷하다고
나 할까요. 제가 무슨 대답을 내놓든 그 노인네가 만족했을지는
진심으로 의심스러운데요. 흠? 조금 걱정은 되었죠, 그래요. 아
마 친구하고 얘기해서 뭔가 사업을 차리든가 해야겠죠. 번거롭
지만. 아버지의 연설이 끝나고 나서 동생인 비앙카와 전 당구실
에 있었어요. 서로 그간 있었던 일을 얘기했죠. 집사도 거기 있
었을걸요. 아무튼 비앙카가 저더러 부엌에서 간식 좀 가져다 달
라기에 그 김에 불쌍한 새런이 어쩌고 있나 보려고 서재로 돌
아왔죠. 꽤 예쁘지 않아요? 도자기 천사 인형처럼. 제가 옆에 잠
깐 앉아 있어주긴 했는데 새런은 뭐 정신이 하나도 없더라고요.
아버지를 찾으러 갔더니 돌아가셨지 뭡니까."

비앙카 코너스는 오빠보다 두 실 어렸는데 지역 제지업계의
거물과 결혼했다.

"아버지는 성미가 고약한 노인네였죠. 전 아버지를 좋아한
적이 없고, 절대 그리워할 일도 없을 거예요. 사실 돌아가셔서
기쁘네요. 아버지는 제게 감정적으로 상처를 줄 때나 관심을 줬
는걸요. 그래도 유감이에요. 아버지 돈도, 시간도, 아무것도 필
요 없다고 말하려고 별렀는데 말이죠. 아버지가 유치한 선언을
하고 비실비실 나간 다음, 저는 케이시 오빠와 당구실에서 잡
담을 좀 했어요. 그다음 부엌에 들러 요리사 **레이놀즈 부인**하고
셰리 두어 잔을 했고요. 이 정신 나간 집안에서 언제나 제일 멀
쩡한 분이지요."

그 이후, 파나키 경감은 파이프 담배를 피우며 사건 단서들을 곰곰이 생각해보려고 장미 정원을 산책했다. 십 분쯤 있었을 때 경관이 보고서를 가지고 바삐 달려왔다. 분석 결과에 따르면 프라이스는 사망 세 시간 전에 독약을 섭취한 것으로 나왔다.

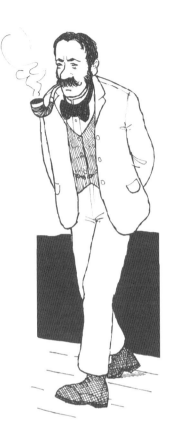

파나키는 즉시 얼굴이 환해졌다.

"이걸로 말끔하게 해결되는군."

Hint

파나키 경감은 누구를 살인자로 의심하고 있을까?
타이밍

조사한 사람들은 다들 벤저민 프라이스의 발표 이후 확실한 알리바이가 있고 그 이전은 아무도 알리바이가 없다. 하지만 모임 이전에 유언장 변경 계획에 대해 알고 있었던 사람은 셰인 마시뿐이다. 이것은 독약을 투입했을 때 벤저민을 죽일 동기가 있었던 사람은 달리 없었다는 뜻이니, 그가 살인자임이 분명하다. 셰인 마시는 기존 유언장에 따라 벤저민의 회사 지분을 기대하고 있었으나, 경영권을 길고양이 보호단체와 나눠가져야 한다고 생각하니 너무 버거웠던 것이다. 벤저민이 고집을 꺾지 않으리라는 것을 깨닫자, 셰인 마시는 느리게 작용하는 독약으로 그를 살해하고 이후 저녁 시간 동안 확실한 알리바이를 만들어 다른 가족들이 용의자로 보이게 했다.

정원상 수상자의 죽음
The Gardener

이안 페이지는 토요일 오후에 살해되었다. 그의 둘째 딸 **한나**는 아이들과 함께 점심을 먹으러 왔다가 오후 세 시경 그 집을 떠났다. 일곱 시 조금 넘어 들른 오랜 친구 **애티커스 글렌**이 시신을 발견했으며, 이때는 사망한 지 최소 두 시간은 지난 후였다. 딸과 친구 둘 다 용의자는 아니었다. 애티커스 글렌은 오후 내내 다른 일행 세 명과 골프를 쳤다. 한나는 아버지의 집을 나온 후 곧장 언니 **엘리** 집으로 갔고, 두 가족은 그날 나머지 시간을 함께 보냈다.

파나키 경감은 생각에 잠겨 파이프 담뱃대를 쓰다듬었다. 이안 페이지는 팔 년 전쯤 아내가 죽은 후 내내 혼자 살았다. 그는 한적한 교외에 수수한 집을 갖고 있었으며 정원 일을 하며 대

부분의 시간을 보냈다. 널찍한 집 앞쪽 잔디에는 화단이 군데
군데 멋지게 배치되었으며 정확하게 딱 맞춰 다듬은 울창한 키
큰 관목이 둘러싸고 있었다. 작은 분수에서 뿜어져 나오는 물이
잘 관리된 연못으로 흘러들어갔다. 집 뒤쪽은 줄지어 선 콩이며
토마토, 딸기류 등 대부분 채소가 차지하고 있었다. 또한 이국
적인 식물보다는 주로 작물 용도인 듯한 작은 온실도 있었다.

집 안은 편안하고 깔끔하게 정리되어 있었으며 딱히 금전적
가치는 없는 개인적인 장식품들이 놓여 있었다. 이안 페이지는
거실에서 평범한 정원용 삽으로 뒤에서 공격당했다. 파나키 경
감이 확인한 바로는 이안 페이지에겐 큰 빚이 없었고 딱히 부
유하지도 않았으며, 사실 이렇다 할 금전적 거래 자체가 없었
다. 딸들은 아버지가 독립석이고 조용하며, 그저 집과 정원 가

꾸기에 만족하는 사람이라고 했다.

　파나키 경감이 생각에 잠겨 앞쪽 정원을 거닐고 있을 때 대문이 열리는 소리가 났다. 얼마 후 경관이 나타났고, 그 뒤로 잘 차려입고 머리가 벗겨진 육십대 남자가 따라 들어왔다.

　"경감님, 이분과 말씀을 나눠보셔야 할 것 같습니다. 어제 누군가를 봤다는데요!"

　경관은 흥분한 듯했다. 파나키 경감의 얼굴이 환해졌다.

　"고맙네."

　그는 남자를 돌아보았다.

　"전 파나키 경감입니다. 이안 페이지 씨의 사망과 관련된 상황을 수사 중이죠."

　"샘 무디라고 합니다. 옆집 살고요, 56호."

　"페이지 씨를 잘 아십니까?"

　"딱히 그렇진 않아요. 인사하고 지낼 만큼은 알았고, 잘 지내긴 했지만 친구는 아닙니다. 조용한 사람이었죠, 혼자 잘 지내는."

　"알겠습니다. 그리고 어제 뭘 보셨다고요?"

　"어제 오후에 우유 사러 나갔다 들어오는 길이었죠. 우리 집 대문으로 향하던 중에 젊은 남자가 이 집 잔디밭을 가로지르는 걸 봤어요. 십을 들고 있기에 이안이 뭐 땅 팔 일이라도 있어서 사람을 불렀나 했지만, 걷는 모양이 뭔가 수상하더라고요. 보고 있는데 마당을 지나 집 안으로 들어갔어요. 그래서 아직 똑똑히 기억하는 겁니다. 스물 갓 넘었을까, 얼굴에 험상궂은 느낌이 있었고요. 깨끗하게 면도했고, 무뚝뚝한 표정에 왼쪽 뺨에는 와인 자국이 있었습니다. 짙은 색 바지와 누런 기가 도는 흰색 셔츠 차림이었고요. 아, 그리고 모자요. 거친 노동일을 하는 사람 같았어요."

"어떤 모자였는지 기억하십니까?"

"요란스런 체크 무늬였죠. 꽤 눈에 띄더라고요."

파나키 경감은 고개를 끄덕였다.

"과연 그랬겠죠. 경관, 샘 무디 씨를 이안 페이지 살인 혐의로 체포하게."

Hint

왜 파나키 경감은 샘 무디를 의심할까?
정원

이안 페이지네 앞쪽 정원은 울창하고 키 큰 관목에 둘러싸여 있어 파나키 경감은 샘 무디나 경관이 대문을 들어설 때 모습을 볼 수 없었다. 하지만 샘 무디는 옆집 정원에서 문제의 용의자를 그렇게 자세하게 관찰할 수 있었다. 이는 한마디로 불가능한 일이다. 샘 무디는 거짓말을 하고 있었고, 거기에 더해 살인 흉기에 대해서도 알았다. 샘 무디는 이안 페이지와 마당 경계 문제로 불화가 있은 후 여러 해 동안 그를 미워했다. 또 이안 페이지가 키운 관목들이 자기네 정원의 화단을 그늘지게 했다. 이안 페이지가 최근에 '지역의 아름다운 정원'으로 뽑혀 상을 받은 일 때문에 그간 쌓였던 감정이 폭발한 것으로 밝혀졌다.

은제품 전문 도둑
The Break-in

"뭐라 말씀드려야 할지 모르겠습니다, 제임스 씨."

알렌 마이어는 올리버 제임스의 아버지네 회사에서 3년 동안 창고 관리 일을 해왔다.

"마음이 참 안 좋네요."

도둑은 얇은 천장 나무판을 부수고 침입하여 대량의 은제 장식품을 훔쳐갔다. 올리버 제임스는 한숨을 내쉬었다.

"순서대로 찬찬히 얘기해주시겠어요, 알렌?"

"순찰을 돌던 중에 금속실에서 무슨 덜커덩거리는 소리가 나는 걸 들었습니다. 살펴보러 들어갔더니 천장에 난 구멍으로 사람 발이 막 사라지던 참이더군요. 있는 힘껏 상자 더미들 위로 올라가 구멍 안을 살펴봤지만 아무것도 안 보였습니다. 밖으로 나갔을 때는 이미 놈은 사라졌고요. 제가 천장 위로 올라갔으면 좋았겠지만 그럴 만한 체격이 아니라서요."

올리버 제임스는 고개를 끄덕였다. 알렌 마이어는 천장에 난 구멍은커녕 창문으로도 빠져나가기 힘들 것 같았다.

"거기 은제품이 있다는 건 어떻게 알았을까요? 포장되어 있지 않았던가요?"

알렌 마이어는 침울하게 고개를 끄덕였다.

"물론이죠, 제임스 씨. 전부 아버님 취향대로 상자가 파란 방수천으로 단단히 싸여 있었습니다. 뭘 찾아야 하는지 알고 왔거나, 아니면 운이 좋았던 거죠. 상자 몇 개 열어보고 은제품을 찾아냈더군요. 하지만 은제품 배달원들은 여기 구조를 잘 알고, 그들은 어느 방인지 정확히 짚을 수 있을 겁니다."

"그전에는 아무 소리 못 들었고요?"

"정말 죄송합니다, 못 들었어요. 저는 앞쪽 제 사무실에서 차 한 잔을 마시던 참이었습니다. 하루 종일 아무도 안 왔고요. 늘 차 다니는 소리가 나지요. 차 소리가 시끄러울 때를 틈타 천장 나무를 자른 게 틀림없어요. 운이 좋아 그나마 발이라도 얼핏 본 거죠."

"그렇겠지요. 사방을 내내 지키지 못했다고 알렌을 탓하진 않아요. 금속실 좀 봅시다."

"네, 알겠습니다."

알렌 마이어는 올리버를 도둑이 든 방으로 안내했다. 끔찍하게 엉망진창이었다. 최소한 십여 개의 파란 방수포를 칼질해서 뜯어냈고, 방수포 조각과 밧줄이 사방에 널려 있었다. 높이 쌓인 상자 더미를 방 한가운데 끌어다 놓았고, 천장에는 가장자리가 들쭉날쭉한 구멍이 나 있었다. 나뭇조각과 톱밥이 방에 온통 흩어져 모든 것을 뒤덮었다. 다른 금속 상자도 몇 개 흐트러져 있었지만 도둑맞은 것은 은제품뿐인 것 같았다.

"힘이 센 사람이겠군요, 이만큼이나 은제품을 들고 갔으니."

올리버 제임스가 말했다.

"그렇겠지요. 몇 번에 걸쳐 왔다 갔다 했을 수도 있고요."

"네, 아마 그게 맞을 겁니다."

상자 더미 위의 톱밥과 나무 부스러기들을 털어내고, 올리버는 그 위에 올라가 천장 구멍 속에 머리를 들이밀었다. 흥미로운 것은 전혀 없었고 그저 천장과 경사진 지붕 사이의 어두침

침하고 동굴 같은 공간뿐이었다.

그는 바닥으로 뛰어내려 먼지를 털어냈다.

"좋아요, 알렌. 다시 이야기 좀 들어봅시다. 그리고 이번에는 사실대로 털어놓는 게 어때요?"

Hint

왜 올리버 제임스는 알렌 마이어가 거짓말을 한다고 생각할까?
바닥

만약 침입자가 천장에서 구멍을 내고 그다음에 방수포를
칼로 찢었다면 방수포가 나무 부스러기와 톱밥 위에 있어
야 하는데 실제는 그 반대였다. 또한 상자를 쌓아놓은 것을
딛고 도망쳤다면, 그걸 끌어다 놓는 과정에서 바닥의 파편
들이 흐트러졌어야 했다. 사실 알렌 마이어가 은제품을 훔
쳐 다른 곳에 숨겨놓은 다음, 가짜 무단침입 현장을 꾸민 것
이다. 불행히도, 그는 별로 똑똑하지 못했다.

시계 장인의 부재
The Watchmaker

'J. L. 제닝스 시계상'은 십 년 넘게 자기 자리를 지켜온 이 마을의 얼굴이었다. 나이든 **제닝스** 씨는 시계 장인이라면 꼭 가져야만 할 것 같은 정확성과 규칙을 고집했다. 메리 밀러는 보통 조류협회 주간 점심 모임을 가는 길에, 오전 열한 시가 되기 오분 전에 그의 가게 앞을 지나쳤다. 그럴 때마다 제닝스 씨는 변함없이 창가 책상에 앉아 시계 속을 들여다보고 있었다. 아주 드물게 시계 외장을 다루기도 했다. 밀러 양은 늘 안을 들여다보고 이따금 제닝스 씨가 그녀를 알아채면 둘이 고개 숙여 인사를 나누었다. 그래서 그날 아침, 제닝스 씨가 평소 자리에 없는 것을 알아채고 밀러 양은 놀랐고 조금 걱정이 되었다.

몇 분은 시간을 낼 수 있겠다 싶어, 밀러 양은 가게 안으로 들어갔다. 머리 위에서 종이 요란하게 딸랑거렸다.

"잠시만요."

안쪽 커튼 뒤에서 목소리가 들렸다. 일 분이 안 되어, 삼십대 젊은이가 재킷 매무새를 고치며 나왔다.

"제닝스 씨가 아니네요."

"네."

남자가 대답했다.

"어, 사실은 맞긴 한데, 아시는 그분은 아니죠. **엘리 제닝스**입니다. 처음 뵙겠습니다."

"메리 밀러예요. 제닝스 씨는 괜찮으세요?"

"아, 그럼요. 닉 삼촌은 멀쩡하세요. 건강하기 그지없으시죠. 전 오늘 오전만 대신 가게를 봐드리는 겁니다. 회중시계 시계판을 매입하러 나가서 자리를 비우셨거든요."

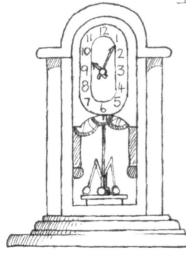

"그렇군요. 자주 이렇게 돕나요?"

"가끔씩요, 하지만 별거 아닌걸요. 도와드릴 수 있어 다행이죠. 그런 게 가족 아니겠어요?"

"그렇죠."

"개인적으로 삼촌에게 하실 말씀이라도?"

"아, 아뇨. 그저 잘 지내시나 걱정이 되어서요. 낯익은 얼굴이니까요, 무슨 말인지 아실라나."

엘리 제닝스는 미소 지었다.

"알고말고요. 음, 오신 김에 닉 삼촌이 사실 꽤 특별한 물건을 들여왔거든요. 아주 근사한 자개를 박은 빈티지 탁상시계죠. 손님처럼 세련된 숙녀분이라면 마음에 들어 하실 겁니다."

밀러 양은 눈썹이 치켜 올라가는 것을 느끼고, 억누르려 애썼다.

"음, 보기는 할 수 있겠네요."

엘리 제닝스는 카운터 저쪽 끝 테이블로 그녀를 이끌었다. 문제의 시계를 비롯하여 몇 점이 놓여 있었다. 진짜 아름다운 물건이었다. 우아한 앞면은 정말 볼 만했고 아름답게 은은한 빛을 발했다. 시계바늘은 금으로 만든 것처럼 보였지만 가장자리를 흑옥이나 현무암으로 처리하여 시계판과 숫자를 배경으로 또렷하게 도드라졌다. 나머지 외장 부분은 금과 투명한 수정으로 만들어져 안쪽의 기계 장치가 살짝 들여다보였다.

"확실히 멋지네요. 하지만

난 아무래도….”

엘리 제닝스는 시계 실제 가격의 잘해봐야 오십 퍼센트쯤 될
법한 금액을 불렀다.

“닉 삼촌에게 좋은 일 하시는 겁니다. 오늘은 현금이 확보되
면 정말 도움이 될 테니까요.”

“안타깝지만 안 되겠어요. 모임에 가봐야 해서요.”

“그렇군요.”

엘리 제닝스는 실망한 표정으로 말했다.

“반가웠습니다. 닉 삼촌이 돌아오시면 안부 전할게요.”

“고마워요.”

가게를 나서자마자 밀러 양은 거리 이쪽저쪽을 살폈다. 저만
지 가는 경관을 발견하고 그녀는 서둘러 따라가며 불렀다.

“경관님, 경관님! 제닝스 시계상에 뭔가 일이 생긴 거 같아
요. 어서 서둘러주세요!”

Hint

왜 메리 밀러는 걱정을 할까?
조카

엘리는 계속해서 제닝스 씨를 닉 삼촌이라고 말했지만, 시계 장인의 이름 머리글자는 J. L.이다. 사실, 엘리가 제이콥 제닝스를 가게 안쪽에다 묶어놓고 재고에 대한 정보를 알아내던 참에 밀러 양이 가게에 들어섰다. 엘리는 제이콥 제닝스에게 조용히 하지 않으면 손님이 다칠 거라고 협박한 다음, 그에게 이름을 물었다. 제이콥 제닝스는 가게에 온 사람이 알아채기를 바라며 가짜 이름을 댔다. 엘리는 판매원다운 모습을 보일 겸, 또한 밀러 양에게서 돈을 받아내고 싶은 마음에 시계를 싼값에 팔려고 했다. 다행히 무슨 일이 벌어지기 전에 경관이 도착했다. 밀러 양은 나중에 제이콥 제닝스에게서 정가에 탁상시계를 구입했다.

세일즈맨의 아내
The Salesman's Wife

아침 햇살 아래, 젖은 땅에 난 발자국이 뚜렷이 보였다. 묵직한 290 사이즈 신발 자국이 집 앞 길거리에서부터 나무 그루터기까지 이어졌고, 약간 맴돌다가 곧장 현관으로 향하여 정문까지 난 자갈길 위로 사라졌다. 파나키 경감은 자기 발자국이 섞이지 않도록 길에서 살짝 벗어나 조심스레 그 자취를 따라갔다. 현관 예비 열쇠는 그루터기 안 구멍에 숨겨져 있었다. 파이프를 뻐끔거리며 경감은 다시 집으로 향했다.

피해자의 남편 **더글러스 챗맨**은 현관 포치에 서 있었다. 잘 봐줘야 보통 체격인 그는 지금은 작게 움츠러들어 보였고 안색은 잿빛이었다.

"어젯밤에는 시외에 나가 계셨다고요."

파나키 경감이 그에게 물었다. 고개를 끄덕이며 더글러스가
말했다.

"네. 전 세일즈맨이어서 지방을 돌아다니며 일하거든요. 그
래서 집을 떠나 있는 시간이 많습니다. 아내 **멜리나**는 제가 그
렇게 집을 자주 비우는 걸 싫어했지만 선택의 여지가 없어서요.
다른 직장을 찾았더라면…"

더글러스는 흐느낌을 억눌렀다.

"전 어제 수튼에 있었습니다. 물론 영수증이 있고요. 얼른 집
에 올 걸 그랬습니다. 제가 여기 있었더라면 아내가 살아 있을

지도 모르는데."

"지난 일은 굳이 다른 가능성을 생각하지 않는 게 최선입니다."

파나키 경감이 부드럽게 말했다.

"그랬다가 두 분 다 돌아가셨을 수도 있는 일이고요."

더글러스 챗맨은 몸서리를 쳤다.

"처음 진술에서 경관에게 살인범이 예비 열쇠로 들어온 게 틀림없다고 하셨지요."

"네. 제가 집에 왔을 땐 문이 잠겨 있었습니다. 아무 데도 부순 흔적이 없고, 멜리나의 열쇠는 가방에 들어 있었어요. 예비 열쇠가 있다고 떠들고 다니진 않았지만 딱히 조심해서 숨긴 적도 없죠. 휴, 우리가 정말 멍청했어요."

"다른 열쇠는 없습니까?"

"네. 제 것과 아내 것, 그리고 예비 열쇠뿐입니다. 예비 열쇠를 꽤 자주 썼어요. 아내가 잠깐 친구를 만나러 갈 때라든가 가방 없이 나가면 그냥 별 생각 없이 예비 열쇠를 썼어요. 누구든 우리 집을 지켜본 사람이라면 알았을 겁니다."

"확실한 겁니까?"

"물론이죠."

더글러스 챗맨이 말했다. 파나키 경감은 고개를 끄덕였다.

"친구나 가족들에게 열쇠 얘기 하셨던 적이 있습니까?"

"장인 장모님에게만요."

"알겠습니다."

파나키 경감이 말했다.

"누군가 부인을 살해할 만한 이유로 짐작 가는 게 있으신가요?"

더글러스 챗맨은 고개를 저었다.

"전혀 없어요. 아내는 매력적이고 활달한 성격의 사랑스러운 여자였어요. 작년 한 해 좀 힘들긴 했지만 아내에겐 친구도 많고, 제가 아는 한에선 세상에 라이벌이나 원한관계 같은 것은 없습니다. 무슨 미치광이의 소행이 틀림없어요. 그 외의 가능성은 상상할 수가 없네요."

"세상에 못된 놈들이 돌아다니긴 하지요."

파나키 경감이 말했다.

"하지만 이번 경우에는, 발 사이즈가 290인 살인범을 추적할 필요는 없을 것 같습니다."

더글러스 챗맨이 파나키 경감을 쳐다보았다.

"네?"

"그래요. 챗맨 씨, 유감스럽지만 경찰서에 동행해주셔야겠습니다."

Hint

왜 파나키 경감은 더글러스 챗맨을 의심할까?
나무 그루터기

예비 열쇠는 나무 그루터기 속에 있었으나, 발자국은 그루터기에서 집까지만 나 있었다. 예비 열쇠로 현관문을 열고 나서 도로 제자리에 갖다놓았다면 돌아간 발자국도 있어야 하니 그 열쇠를 썼을 리가 없다는 뜻이다. 집을 비우는 일이 잦다 보니, 더글러스 챗맨은 아내가 바람을 피운다고 확신했고, 사실 그랬다. 질투심에 이성을 잃고 그는 아내를 죽이기로 마음먹는다. 근처 지역에 호텔을 예약하고, 더글러스 챗맨은 몰래 집에 돌아와 큰 신발을 신고 나무 그루터기를 거쳤다가 집에 들어가서 마치 신발 주인이 열쇠를 가져갔던 것처럼 보이게 했다. 자기 열쇠를 갖고 있으므로 그는 실제로 예비 열쇠를 꺼내 쓰진 않았다. 그는 집 안으로 들어가 아내를 살해하고, 이후 정신이 없어 열쇠를 갖다놓은 것처럼 발자국을 위장하는 것을 잊었다. 그런 다음 호텔로 돌아와 씻고 다음날 아침 일찌감치 체크 아웃했다.

누명을 쓴 헨드릭스
Hendricks in the Frame

메리 밀러는 미소 지었다.

"다시 만나 반가워요, 헨드릭스 씨. 어쩐 일로 이렇게?"

클레이튼 헨드릭스는 무성한 턱수염을 초조히 어루만졌다.

"그 끔찍한 매팅리 사건 이후로… 그게 밀러 양, 문제가 생겨서 그러는데 혹시 도와주실 수 있을까 해서 왔습니다. 제가 저지른 일이 아닙니다, 맹세해요."(33쪽 '매팅리 체이스 살인사건' 참고)

"노력해볼게요. 자, 앉으세요. 차를 좀 드시겠어요? 쉿, 오브리."

의자에서 고양이를 살며시 밀어내고, 메리 밀러는 종을 울려 메이드에게 홍차를 시켰다.

"무슨 문제인지 말씀해주시겠어요?"

"고맙습니다."

클레이튼 헨드릭스는 진심을 담아 말했다.

"제가 목재 사업을 한다고 말했던가요?"

"사 년 전 조류협회 저널 팔 월호에서요, 네."

클레이튼 헨드릭스는 눈을 깜박였다.

"아, 그렇군요. 그래서 제가 시에서 멀지 않은 공사 현장에 목재를 공급하기로 했습니다. 로렌스 건설이라고요."

밀러 양은 고개를 끄덕였다.

"이틀 전에 거기 가서 공사 감독하고 다음 배달 일정을 논의 했어요. 그쪽에선 자재를 기다리느라 한 일주일가량 손 놓고 있던 참이었고, 그 상황이 지속될 모양이더라고요. 제가 거기 도 착했을 때는 오늘밤 폭우에 대비해 골조 위에다가 방수포를 씌 우고 있었어요. 전 그쪽에서 필요한 자재 몇 가지를 도와주려"

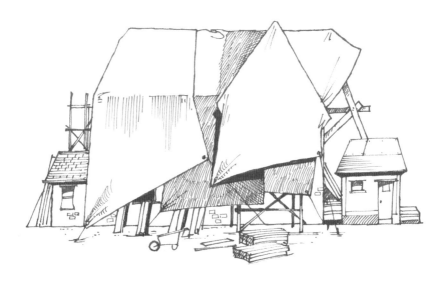

하지만, 필요한 게 목재만이 아니라서…. 그쪽 공급업체 몇 곳이 최근에 거래를 끊어서 옴짝달싹 못하게 되었거든요. 아무튼 제가 거기 있는 동안 누군가 현장 사무소에서 설계도를 전부 훔쳐갔습니다. 짐작 가시겠지만 건축 소장은 노발대발이고요. 하지만 증인이 나서서 저를 도둑으로 지목했고, 그쪽에서 고소는 하지 않더라도 저를 망하게 하겠다고 위협하고 있습니다. 전 평생 무엇 하나 훔쳐본 적이 없어요. 하지만 제 말과 그 사람 말이 서로 달라요. 어쩌야 할지 모르겠습니다. 혹시 뭔가 도움을 주실 수 있을까요?"

"흠. 확실히 난감하시겠네요. 좀 자세히 얘기해주실 수 있으세요?"

클레이튼 헨드릭스의 설명에 따르면 공사 진행은 아직 초기 단계였다. 터잡기는 했고 주요 골조는 대부분 세웠지만 그게 전부였다.

"지금으로선 집의 뼈대만 있는 거죠."

그가 밀러 양에게 말했다.

공사 현장에 도착한 클레이튼 헨드릭스는 창고 근처에 주차하고 잠시 짐을 내렸다고 했다. 그런 다음 공사 감독을 드디어 인부 휴게실에서 찾아서 회의를 했다.

"감독이 거기 혼자 있었나요?"

밀러 양이 물었다.

"아뇨. 사람들이 한 십여 명은 있었어요. 일 얘기를 하기엔 너무 번잡했죠. 우린 밖으로 나와서 골조 맞은편에 있는 현장 사무실로 빙 둘러갔어요. 겁 없는 어치새들이 위에 앉아 있더군요. 사무실에 들어가서, 자재 추가 계약을 마무리 지었습니다. 그런 다음 나왔고요. 감독은 일하러 돌아가고, 전 집에 왔지요."

"흠. 그런데 다르게 말하는 사람이 있다고요?"

"공사 인부 중 한 명이요. 막 휴게실에 들어가려다가 저와 감독이 현장 사무실을 나서는 걸 봤다더군요. 그러다가 감독이 사라지자마자 제가 사무실로 도로 들어가더니, 뭘 셔츠 앞주머니에 쑤셔 넣으며 나오더라는 겁니다. 그래서 확인해 보러 갔다가 설계도가 없어진 걸 발견하고 감독에게 달려가 알렸다고요."

밀러 양은 갑자기 미소 지었다.

"그거 잘됐네요."

클레이튼 헨드릭스는 영문을 몰라하며 밀러 양을 쳐다보았다.

"어째서요?"

"당장 감독에게 가서 오해를 풀 수 있겠어요. 그쪽에서 경찰을 불러야 할 것 같네요."

Hint

메리 밀러는 무엇을 알아챈 걸까?
시야

누군가 로렌스 건설이 성공하지 않기를 바라고 있지만, 클레이튼 헨드릭스는 아니다. 건물은 현재로서는 골조만 올렸고, 클레이튼 헨드릭스의 말에 따르면 일주일 이상 그 상태였다. 그래서 맞은편이 다 보였다. 하지만 그날은 폭우에 대비해 방수포를 씌우고 있었다. 휴게실은 공사장을 사이에 두고 사무실 반대편에 있었으니, 인부는 클레이튼 헨드릭스가 사무실에 들어가는 것을 제대로 보기는커녕 아예 사무실 문을 볼 수가 없는 위치였다.

사실, 자재 공급을 막은 사람이 공사 진척을 방해하기 위해 인부를 보낸 것이었다. 그는 진짜 고용주를 위해 설계도를 훔쳤고 클레이튼 헨드릭스가 절도 누명을 씌우기 딱 좋은 사람으로 보였기에 감독을 찾아가 지어낸 얘기를 늘어놓았다. 인부는 휴게실에서 사무실이 보이는 것에 너무나 익숙한 나머지 그날 오후에는 보일 리가 없다는 것을 깜박했다. 경찰이 감독을 찾아갔을 즈음엔, 인부는 이미 실수를 알아채고 사라진 후였다.

당황한 피해자
Blind Panic

월터 미첼은 분명 옷을 급히 입은 모양이었다. 바지에 벨트를 했지만 버클은 채우지 않았고, 스웨터는 안팎과 앞뒤가 뒤집혀 있었으며, 신발 끈조차 묶지 않은 상태였다. 그렇게 서둘렀지만 목숨을 건지진 못했다. 그는 오후 여덟 시 이십삼 분에 한적한 골목에서 심장에 총을 맞아 사망했다. 그를 살해한 총은 시체에서 몇 걸음 떨어진 곳에 아무렇게나 버려져 있었다. 총소리가 커서 여러 사람들이 들었기에 파나키 경감은 목격자와 용의자들을 조사하기 위해 불러 모았다.

첫 번째 목격자 맥심 데이비드슨은 이십대 초반의 정육점 직원이었다. 그는 늦게 퇴근하고 집에 가던 중 피해자를 보았다.

"악마에게 쫓기기라도 하는 양 달려가더라고요."

맥심 데이비드슨이 말했다.

"아마 진짜 그랬나 봐요. 막 길에 들어서는데 그 사람이 부딪혀서 하마터면 넘어질 뻔했죠. 비틀거리는 저한테 사과 한마디 없이 계속 달려가더군요. 총소리를 들었을 때, 저만치 사라지던 그 멍청한 스웨터의 라벨이 딱 생각나더라고요. 주위에서 다른 사람들을 두어 명 봤죠, 아일랜드계 같아 보이는 키 큰 남자하고 작고 깔끔한 신사양반."

아일랜드계인 **패트릭 캐리**는 공사장에서 일하며, 살인이 벌어지기 조금 전까지 근처 술집에 있었다. 그는 큰 키에 꽤 풍파를 겪은 삼십대 남자로, 강건하지만 한창때는 지나는 중이었다.

"확실히 총소리를 들었죠."

패트릭 캐리가 파나키 경감에게 말했다.

"맥주 몇 잔 했더니 술기운에 그만 가서 확인해봐야겠단 생각을 했지 뭡니까. 그런데 그 술기운이 워낙 독해서 피해자를 찾으러 가기까지 좀 시간이 걸렸어요. 제가 거기 도착해 보니 경감님 부하들이 이미 도착해서 시체를 살피며 혀를 차고 있었죠. 저쪽에 권총이 떨어져 있고요. 끔찍한 일이에요. 아뇨, 가는 동안 아무도 못 봤습니다. 아무튼 제 눈에 띈 사람은 없었는데요. 정신이 워낙 없다 보니."

브레이든 마일스는 사업가로, 친구 집에 들렀다가 귀가하는 중이었다. 그는 아직 심란해하는 티가 확연했고, 옷깃과 넥타이를 계속 만지작거렸다.

"길을 가던 중이었지만 네, 사건이 벌어지는 걸 보긴 했죠. 세상에! 뭣 때문에 그랬는진 모르겠지만, 아무튼 뒤를 돌아보니 어떤 사람이 비틀비틀 걸어가서 다른 사람 앞에 멈춰 서더군요. 그다음에 날카로운 탕 소리가 나더니 첫 번째 사람이 풀썩 쓰러졌어요. 두 번째 사람은 즉시 길을 걷기 시작했고요. 빠르지만 너무 티 나지 않게요. 무슨 말인지 아시겠죠. 전 그냥 얼어붙어 있었지 뭡니까. 무슨 일이 벌어진 게 분명했지만, 혹시 피해자가 가망이 있나 살펴보러 갈 생각도 못했어요. 그냥 거기 서 있었죠. 정신을 차려 보니, 호루라기 소리가 들리고 경관님이 저한테 말을 걸고 계시더군요. 더 알려드릴 게 있다면 좋겠지만 솔직히 말해 자세히 보기는커녕 두 사람 다 남자였는지도 확실히 모르겠습니다."

데스티니 차베즈는 월터 미첼이 살해당한 거리에 있는 카페에서 웨이트리스로 일했다. 그녀는 이십대였고, 살인 시각에 테이블을 치우고 있었다.

"네, 총소리 들었어요. 그 조금 전에 어떤 남자가 가게 창문 앞을 지나가는 걸 봤어요. 정말 옷차림이 흐트러져 있어서 눈에 띄었죠. 이 분이 채 안 지나서 그 소리를 들었을 거예요. 경찰 분들이 오실 줄 알았으니까 청소를 마친 후 가게에 남아 있었죠. 역시나 경관님이 오셔서 혹시 뭘 봤거나 들었냐고 묻더라고요. 네, 제가 보고 들은 건 그게 다예요. 도움이 되었으면 좋겠네요."

면담을 마무리 짓고, 파나키 경감은 만족스런 미소를 지었다.

"현장 출동한 경관을 칭찬해야 한다고 나중에 말해주게."

그는 부관에게 말했다.

"이미 살인범을 잡았어."

Hint

파나키 경감이 의심하는 사람은 누구이며 이유는 무엇일까?
옷

월터 미첼의 스웨터는 안팎이 뒤집혀 있었지만, 또한 앞뒤로도 뒤집혀 있었다. 따라서 뒤에서 옷 라벨을 보기는 불가능했다. 맥심 데이비드슨이 거짓말을 하고 있으며, 월터 미첼을 앞에서 본 게 틀림없다. 맥심 데이비드슨은 자기 아내와 월터 미첼이 같이 있는 장면을 맞닥뜨리고 격분했다. 월터 미첼은 도망치려 했지만 맥심 데이비드슨이 가로막고 총으로 쐈다. 그는 그다음 총을 버렸으나, 현장을 떠나기 전 경관들에게 제지당했다. 심문을 받은 맥심 데이비드슨은 전부 자백했다.

순식간에 번진 불꽃
The Cotton Fire

"손해가 막심합니다, 경감님."

벤저민 아빌라는 피곤해 보였고, 손톱 밑에는 아직도 잿가루의 흔적이 남아 있었다.

"화재로 재고를 많이 날렸거든요. 그 바람에 상황이 안 좋은데 설상가상으로 보험회사 쪽에선 만약 방지할 수 있었던 사고였다면 보상을 안 해주겠다는 겁니다."

파나키 경감은 얼굴을 찌푸렸다.

"어쩌다 그렇게 된 건지 짐작 가는 게 있습니까?"

"재단사 중 **다면**이란 친구가 그 자리에 있었죠. 접이식 문 볼러가 닳아서 금속이 드러나 있었고, 자기가 문을 열 때 돌바닥과 마찰되어 불꽃이 튀었다고 합니다. 그 불꽃이 근처에 있던 순면으로 날아가 불이 났고요. 다먼은 불을 밟아 끄려고 했지만 너무 빨리 번져서 결국 그냥 나와야 했답니다."

"그렇군요."

"어쩌다 그렇게 되었는지 도통 모르겠지만 방지할 수 있었던 사고처럼 들리고, 그러면 전 큰 손해를 보게 되죠. 저기, 뭐 제가 딱히 다먼을 의심하는 건 아니지만… 저하고 오래 일하지 않았고 이 업계가 요새 좀 살벌해져서 말이에요. 문을 제대로 관리 안 한 제 잘못이라면 그걸로 됐고, 받아들여야겠죠. 그 외에 뭔가 있지 않나 확인해줄 수 있을까요?"

"물론이죠, 한번 용의자를 심문해보겠습니다."

벤저민 아빌라는 잠시 사라졌다가 깔끔하고 체격이 좋은 이십대 후반의 남자와 함께 돌아왔다.

"다먼, 이쪽은 파나키 경감님이셔. 경감님, 이쪽은 라이더 H. 다먼이라고, 불이 났을 때 직물실에 있던 재단사입니다."

"안녕하세요, 다먼 씨."

파나키 경감은 악수를 나누며 말했다.

"어떻게 된 일인지 말씀해주시겠어요?"

"그럼요. 직물실 접이식 문에서 한 일이 주 동안 듣기 싫은 끽끽 소리가 났어요. 문 경첩이 그런가 보다 하고 신경 안 썼죠. 벨벳 실크를 찾으러 갔는데 문을 미니까 아니나 다를까 시끄럽게 끼익거리는 겁니다. 내려다보니 바닥에서 불꽃이 튀더라고요. 다음 순간 그게 순면에 옮겨 붙었고 순식간에 불덩어리로

타올랐어요. 불을 꺼보려고 했지만 이미 번지고 있었
어요. 그냥 도망 나올 수밖에 없더군요."

파나키 경감은 턱을 긁었다.

"알겠습니다. 고마워요."

벤저민 아빌라가 고개를 끄덕이자, 다면은 자기 자리로 돌아
갔다.

"그럼 그 문을 한번 살펴보죠."

파나키 경감의 말에 벤저민 아빌라가 대구했다.

"이쪽입니다."

직물실에 도착하자 파나키 경감은 피해가 얼마나 컸는지 알
수 있었다. 안은 오 분의 사 정도가 비었고, 불탄 자국이 아직도
벽과 콘크리트 바닥에 선명했다. 풀어놓은 재고는 없었고, 커다
란 자루 몇 개뿐이었다. 문은 불길로 인해 눈에 띄게 휜 채 아직

도 그을음이 시커멓게 묻어 있었다.

파나키 경감은 미닫이문 롤러를 보려고 무릎을 굽혔다. 코팅은 불길에 타버려서 구리가 그대로 드러나 있었다. 전에는 어떤 상태였는지 짐작하기가 불가능했다. 그는 다시 일어나서 생각에 잠겨 문을 밀어보았다. 문은 아직 제대로 움직이긴 했지만 듣기 싫은 끽끽 소리가 났다.

"보통 문가에 순면을 뒀나요?"

"그럴 수도 있어요."

벤저민 아빌라가 대답했다.

"더 안쪽에 둬야 한다는 생각을 못했고, 물품 종류별로 자리가 정해져 있던 건 아니었거든요. 매주 다루는 물품이 워낙 다양하다 보니."

그는 한숨을 쉬었다.

"뻔한 일 같죠? 그냥 남자답게 받아들여야 할까 봐요."

"절대 아닙니다."

Hint

왜 파나키 경감은 방화라고 의심할까?
문

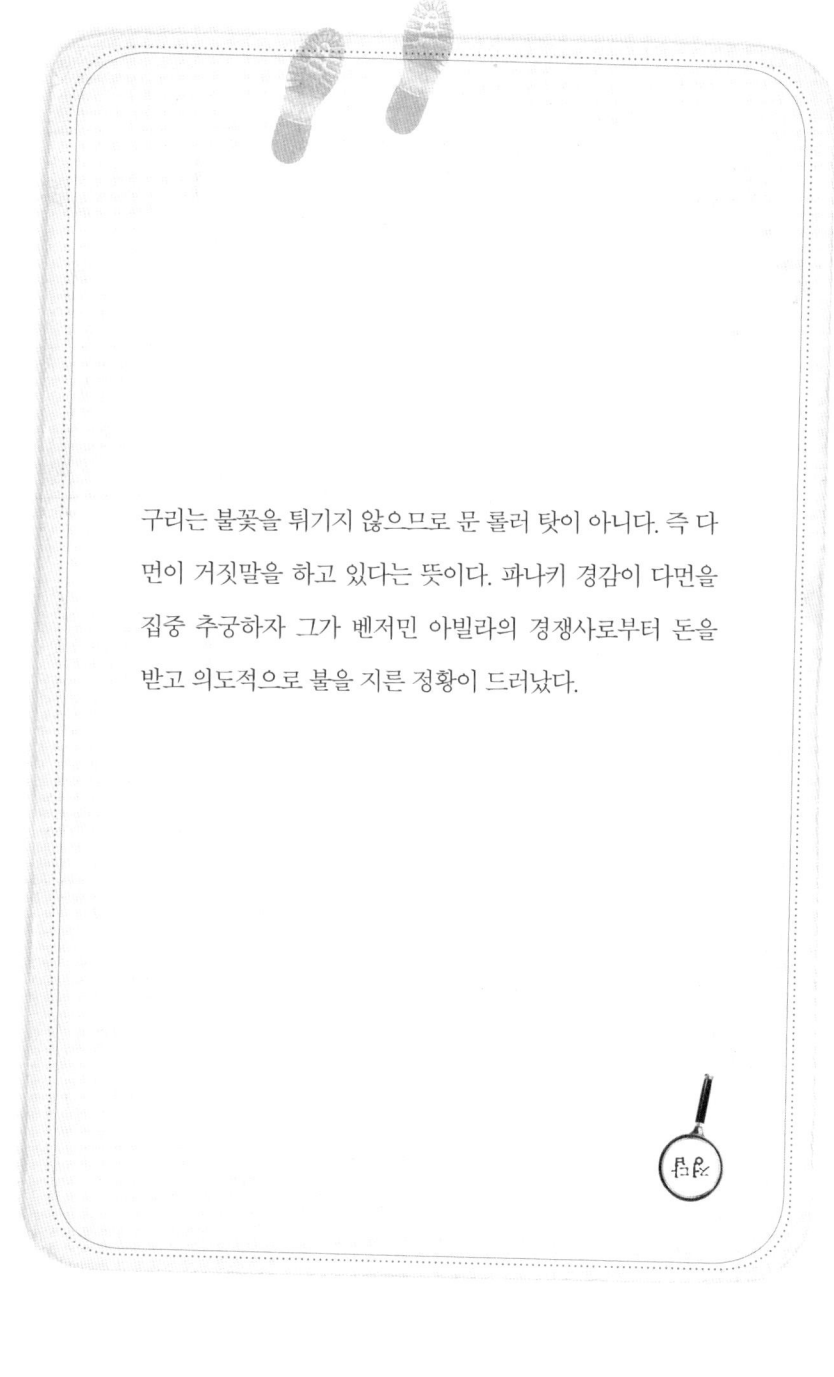

구리는 불꽃을 튀기지 않으므로 문 롤러 탓이 아니다. 즉 다
먼이 거짓말을 하고 있다는 뜻이다. 파나키 경감이 다먼을
집중 추궁하자 그가 벤저민 아빌라의 경쟁사로부터 돈을
받고 의도적으로 불을 지른 정황이 드러났다.

계단에서 구른 여성
An Independent Woman

걱정하는 친구들의 신고를 받고 경찰들이 **엘리자베스 마일스**네 현관문을 따 보니, 그녀는 목이 부러진 채 계단 아래 죽어 있었다. 모든 증거는 엘리자베스 마일스가 계단을 내려오다가 넘어졌음을 가리키고 있었다. 서른여섯 시간 전인 금요일 저녁에 죽은 듯했다.

아냐 데이는 엘리자베스 마일스 부인의 집을 파트타임으로 청소하는 사람이었다.

"마일스 부인은 아주 당당하고 독립적인 분이었죠. 일주일에 세 번, 월수금 오후에 갔어요. 좀 기력을 잃긴 했지만 그래도 여전히 집을 거의 먼지 한 톨 없이 관리하셨죠. 솔직히 제가 할 일은 별로 없었지만 사람이 그리우셨던 것 같아요. 자식들은 거의 찾아오지도 않더라고요. 제가 금요일 오후에 나올 때는 멀쩡해 보이셨는데 어쩌다 돌아가셨대요? 끔찍한 일은 아니었음 좋겠네요. 좋은 분이었어요, 부자치고는."

"오래 힘들어하지 않고 돌아가셨습니다."

파나키 경감은 다독이는 어조로 말했다.

"최소한 그건 다행이네요. 우리 아들 **레그**도 다행으로 여길 거예요. 부인 얘기를 참 많이 들었더랬죠."

"그래요?"

"어린 시절부터 인도에서 보낸 신혼 시절 얘기까지요. 마침 금요일 저녁에 부인 남편과 호랑이 얘기를 아들에게 해줬는데 부부가 모험심이 대단했지 뭐예요. 볼 만한 광경이었을 거예요."

"알겠습니다. 시간 내주셔서 고맙습니다."

브라이어니 말리는 엘리자베스 마일스의 딸이었다. 삼십대 후반으로, 마음 아파하기보단 정신없어 보였다.

인사를 마치고 파나키 경감이 물었다.

"어머님과는 사이가 좋으셨습니까, 말리 부인?"

브라이어니 말리는 얼굴을 찡그리더니 한숨을 지었다.

"그렇진 않아요, 경감님. 어머니는 장점이 많고 인망도 있으신 분이었지만, 자식 입장에선 자랄 때 힘들었어요. 저와 오빠한테 전혀 공을 들이지 않으셨죠. 저희는 연달아 바뀌는 보모들 손에 자랐고, 아버지가 돌아가신 후로는 어머니를 거의 못 보았어요. 그나마 손자들에겐 좀 더 관심을 두셨어요. 할머니가 돌아가셨다고 하면 아이들이 슬퍼할 거예요. 하지만 연세가 있으셨으니까요. 시간 문제였죠."

"그거야 누구나 그렇죠. 어머님을 해칠 만한 사람이 있을까요?"

브라이어니 말리는 그 질문에 약간 놀란 듯했다.

"살인이었어요? 소식을 전해준 경찰 분은 어머니의 사망 원인에 대해선 말을 돌리셔서."

그녀는 원망하듯 파나키 경감에게 얼굴을 찌푸렸다.

"그저 모든 가능성을 확인하는 겁니다."

파나키 경감이 부드럽게 말했다.

"어떻게 돌아가셨는지 보면 그런 건 다 파악되는 줄 알았는데요."

브라이어니 말리는 미심쩍어하며 대답했다.

"그래도 경감님께선 확인해보셔야겠죠. 어머니를 살해할 만한 사람은 모르겠네요. 그런 원한을 살 분은 아니셨어요."

이스턴 마일스는 엘리자베스의 아들이었다. 자기 말로는 다양한 창업에 손을 대고 있다고 했으며, 사십대 초반이었다. 샀을 때는 비쌌을 게 확실한 정장을 입고 있었고, 부유층 특유의 오만한 자신감이 넘쳤다.

"끔찍한 상황이군요. 어머니가 고집이 세셨어요. 집에 도우미를 두자고 했는데 도무지 들어주셔야 말이죠. 당신께선 아주 말짱하다면서요. 이제 와 생각하니 말도 안 되는 소리라고 좀 더 밀어붙일 걸 그랬어요. 어머니가 몹시 보고 싶을 겁니다."

파나키 경감은 고개를 끄덕였다.

"어머님과 사이가 좋으셨습니까?"

"그럼요. 생기와 열정이 가득한 대단한 분이셨어요. 어머니가 목이 부러져 계단 아래 쓰러져 계신 생각을 하면 견딜 수가 없군요. 늘 저러다 어머니가 넘어지시진 않을까 걱정했는데. 거동이 점점 불편해지셨으니까요. 하지만 지팡이를 쓰느니 악어 입에다 머리를 집어 넣을 분이었어요. 사실 진짜로 그렇게 하신 적도 있을걸요, 악어 말입니다."

"혹시 어머님께 원한을 가진 사람이 있습니까?"

"원한이요? 전혀요. 어울리는 분들 중에 어쩌다 질투하는 노인네들은 한둘 있었을까요? 하지만 어머니는 괘씸하게 여기기보다는 아주 밝고 유쾌하게 대하셨어요."

이스턴 마일스가 가고 나자 파나키 경감은 조사실을 나와 시체를 발견한 경찰을 찾으러 갔다.

"마일스 부인 집에 다시 가봐야겠어, **브래들리**. 살인사건인 게 거의 확실해."

Hint

파나키 경감은 어째서 엘리자베스 마일스가 살해당했다고 생각할까?
거동

파트타임 청소부 아냐 데이와 딸 브라이어니 말리의 증언에서 알 수 있듯 정확한 사망 원인은 아직 발표되지 않았는데, 이스턴 마일스는 어머니가 계단에서 구른 것을 알고 있었다. 그가 알게 된 경로로 가장 확실한 것은 본인이 어머니를 밀었을 경우다. 또한 어머니와의 관계에 대한 그의 대답은 여동생의 증언과 맞지 않았다. 수사 결과, 파나키 경감은 이스턴 마일스에게 도박 빚이 많다는 것을 발견했다. 그런 사실들을 갖고 심문하자, 그는 유산 상속을 노리고 어머니를 살해했다고 자백했다.

사라진 블레이저 상의
The Blazer

밀러 양은 강가에 앉아 어린 오리 떼가 엄마 청둥오리와 노는 광경을 지켜보았다. 따뜻하고 맑은, 상쾌한 아침이었다. 갑자기 근처에서 언짢아하는 큰 목소리가 나서 오리들이 즉시 날갯짓을 하고 달아났다. 밀러 양은 노트와 연필을 집어넣고 별일 없나 살피러 갔다.

약간 상류 쪽 다리 근처에서 어느 커플이 열띤 대화를 나누고 있었다. 캐주얼한 차림의 삼십대 남자는 기분이 몹시 안 좋아 보였다. 여자는 좀 더 젊었고 길고 하늘하늘한 원피스에 답답해하는 기색이었다.

"그러니까 바로 여기 있었대도."

남자가 우기듯 말했다.

"안녕하세요."

밀러 양이 다가가며 인사했다.

"메리 밀러라고 해요. 혹시 무슨 일이 있어났나요?"

"**솔로몬 코플랜드**입니다."

남자는 정신이 팔린 듯했다.

"이쪽은 아내 **클라라**고요. 제 블레이저가 없어졌어요."

그는 몇 발짝 떨어진 나무 쪽을 손짓했다.

"저기 가지에 걸어뒀거든요. 잠깐 송어 구경만 했는데. 혹시
보셨나요?"

밀러 양은 고개를 저었다.

"못 본 것 같네요. 저 있는 데를 지나간 사람은 없었어요."

"거기 두지 말라고 그랬잖아."

클라라가 말했다.

"어휴. 지갑이 거기 들었는데."

솔로몬은 다급히 주위를 둘러보았다.

"이보세요, 거기, 다리 위에 계신 분."

밀러 양이 15미터쯤 떨어진 다리 쪽을 쳐다보니, 젊은 남자가 난간 쪽을 향해 돌아서고 있었다.

"네?"

"혹시 몇 분 전에 그쪽을 지나간 사람이 있었나요?"

젊은 남자는 잠시 생각했다.

"네, 맞아요. 추레해 보이는 남자가 블레이저를 껴입으며 강둑에서 길로 뛰어갔죠. 지나가다가 저한테 부딪히는 바람에 제 지도가 떨어졌고 다리 아래로 떠내려가고 말았네요."

"올라가 봐요."

밀러 양이 외쳤다. 약간 미심쩍어하는 표정을 하고, 코플랜드 부부는 그녀를 따라 다리 위로 올라갔고, 젊은 남자는 조바심이 나기 시작한 듯했다.

"제 이름은 메리 밀러예요, 이쪽은 클라라와 솔로몬 코플랜드고요."

그녀는 대답을 기다리는 눈으로 젊은 남자를 쳐다보았다.

"**코너 퍼듀**입니다. 안녕하세요."

젊은 남자가 말했다. 밀러 양은 그를 향해 미소 지었다.

"그 추레한 남자에 대해 좀 더 얘기해줄 수 있겠어요, 퍼듀 씨?"

"어, 밀러 부인…."

"밀러 양이에요, 사실."

"아. 죄송합니다, 밀러 양. 그게… 아, 맞아요. 삼십대 중후반이었을 거예요. 키가 크고 말랐어요, 팔다리가 길쭉길쭉하고. 머리는 짙은 색이었는데 저보다 조금 더 짙었고, 듬성하게 턱수염을 길렀어요. 모직 바지에 구질구질한 신발 차림이었는데, 제법 근사한 남색 블레이저를 입으면서 올라오더라고요. 이제 생각해보니 이상하네요."

"그거예요!"

솔로몬 코플랜드가 껑충 뛰었다.

"그거 제 옷입니다. 제 지갑을 훔쳐갔어요! 아직 잡을 수 있을지 몰라요. 어느 쪽으로 갔습니까?"

밀러 양은 솔로몬의 어깨에 한 손을, 그리고 다른 손으론 코너 퍼듀의 어깨를 짚었다.

"따라가기 전에 퍼듀 씨가 잘못을 인정하고 지갑을 돌려주면 어떻겠어요? 그러면 경찰에서도 감안해줄 것 같은데요."

Hint

왜 메리 밀러는 코너 퍼듀가 도둑이라고 생각했을까?
다리

코너 퍼듀는 지도를 떨어뜨려 다리 아래로 흘러갔다고 말했다. 하지만 밀러 양이 처음 조사하러 갔을 때 확인했듯이, 다리는 코플랜드 부부보다 상류에 있었다. 만약 코너 퍼듀가 지도를 떨어뜨렸다면 코플랜드 부부가 있는 곳을 지나 밀러 양 앞을 흘러갔을 것이다. 사실 코너(실제 이름은 메이슨 벡)는 코플랜드 부부가 한눈파는 것을 보고 블레이저를 채어갔다. 그는 길로 올라가서 지갑을 꺼내고, 블레이저는 주머니에 돌을 채워 다리 저편에서 강에 내던져 가라앉게 했다. 그가 태연하게 현장을 떠나려 할 때 솔로몬 코플랜드가 고함을 지르는 바람에 발이 묶이고 만 것이다.

쓰리 글로브스 전당포 도난사건
The Three Globes

에이블 키니슨은 시내에서 가장 평판이 좋은 전당포인 '쓰리 글로브스'를 운영하고 있었지만 도난사건 때문에 지금은 파산 직전이었다. 도둑이 상당한 현금과 고가의 반지를 포함하여 담보물들을 싹 쓸어갔기 때문이다. 초기 수사는 난항이었고, 파나키 경감은 꽤 호기심이 생겼다.

"도난사건에 대해 말씀해주십시오."

경감이 전당포 주인에게 말했다.

"서류에 다 나와 있지 않습니까?"

에이블 키니슨은 살집이 있고, 벗겨져가는 머리에 살이 늘어진 얼굴의 남자였다.

"이미 형사 두 명에게 각각 설명을 했는데요."

"가능하면 직접 듣고 싶군요. 동료들이 뭔가 빼먹었을지도 모르니."

에이블 키니슨은 인상을 쓰며 그날 들어 세 번째로 설명을 시작했다.

"어, 제가 제일 마지막으로 가게를 나오면서, 늘 하던 대로 서랍장과 셔터를 전부 잠그고 보안 경보를 켰지요. 뭘 빼먹는 일이 없도록 매일 저녁 똑같은 순서대로 합니다. 그게 저녁 여섯 시였죠. 저는 가게 맞은편 찻집 위층에 살고 있고, 그날 저녁 여덟 시 십오 분경에 경보기 소리를 들었어요. 창으로 내다보니 가게 문이 열려 있더군요. 그래서 서둘러 아래로 내려가

길을 건넜죠. 그러다가 혹시 도둑이 아직 안에 있을지도 모르고, 흉기를 갖고 있을 어쩌나 싶어 멈춰 섰어요. 몇 분 후 경관이 달려오기에 상황을 설명했습니다. 경관은 저한테 안 들어가길 잘했다고 하고, 조사하러 들어갔어요. 도로 나오더니 가게 안이 엉망이라고, 안에는 아무도 없다고 하더군요. 가게에는 다른 출입구는 없습니다."

"흠. 가게 상태는 어땠습니까?"

"도둑이 최소한 서랍을 스무 개는 부숴 싹 쓸어갔어요. 반지며 목걸이, 팔찌, 브로치며 몽땅. 그리고 금고도 열어 현금과 제가 거기 둔 채권도 가져갔고. 이 물품들의 상당수는 아직 채무 상환 유예기간 삼 개월이 지나지 않았어요. 손님들에게 전액을 물어줘야 합니다. 완전히 망했어요."

"그만큼 챙겨가려면 시간이 얼마나 걸렸을까요?"

"열쇠는 제가 보관합니다."

에이블 키니슨이 재킷 주머니의 불룩한 주머니를 두들기자 짤랑거리는 소리가 났다.

"쇠지레를 갖고 있다면 서랍장당 삼십 초 정도밖에 안 걸리겠죠. 금고는 최소한 십오 분은 걸렸을 겁니다. 그러니 전부 합하면 반시간 정도요. 다만 도둑은 삼십 초만에 해치운 모양이지만."

"직원은 몇 명이나 두고 계십니까?"

"셋이요. **데이비드 그레이브스**가 카운터를 보고, **잭 호튼**은 담보물 담당, 그리고 **줄리언 루니**는 저를 도와 귀중품과 책을 다룹니다."

"그리고 사건 당일 세 사람은 어디 있었습니까?"

"지난 화요일이었죠. 잭 호튼은 반차를 냈어요. 미리 허락했던 거고, 제가 점심 먹고 돌아오니 이미 가고 없었습니다. 데이비드 그레이브스는 다섯 시 삼십 분에 저한테 계산대를 넘겼고, 마지막 반시간은 제가 맡았습니다. 나가면서 생선 파이 얘기를 했던 것 같군요. 줄리언 루니는 장부 정리를 마치고 여섯 시에 퇴근했고, 저는 출입문을 잠갔죠. 그다음 말씀드렸듯이 정산을 끝내고 모든 것을 단속하고 나서 집에 갔습니다."

파나키 경감은 고개를 끄덕였다.

"큰 도움이 되었습니다, 키니슨 씨. 안타깝지만 내부자 소행인 것 같군요."

에이블 키니슨은 말문을 잃고 경감을 쳐다보았다.

"뭐라고요? 어떻게?"

Hint

도둑은 누구고, 어떻게 해낸 것일까?
타이밍

잭 호튼이 도둑이다. 알람이 울리고 에이블 키니슨이 가게 문에 도착하기까지 걸린 구십 초에서 이 분 사이에 그 많은 피해를 입히기란 불가능하다. 유일한 설명은 도둑이 이미 가게 안에 있었고, 알람은 그가 들어갔을 때가 아니라 나오려고 문을 열었을 때 울렸다는 것이다. 에이블 키니슨은 다른 두 직원이 건물을 나서는 것은 보았으나, 잭 호튼은 사장이 자리를 비운 사이 간 것으로 되어 있었다. 사실, 그는 벽장 속에 숨어 있었고 혹시 누가 찾아내면 장난인 척할 셈이었다. 에이블 키니슨이 가고 나자, 잭 호튼은 여유 있게 가게를 털었다. 그런 다음 문을 벌컥 열고 훔친 물건과 함께 성큼성큼 가버렸다. 에이블 키니슨이 늘 제일 먼저 오고 마지막으로 나섰기에 잭 호튼은 알람 끄는 방법을 잘 몰랐고, 어차피 외부인이라면 그게 있다는 사실조차 모를 테니 굳이 끄려고 하지 않았다. 잭 호튼의 집을 수색한 결과 사라진 물품은 전부 찾았지만 현금은 나오지 않았다.

17세기 유물 도난사건
St. Peter's Church

앨리스 젠슨은 성 베드로 교회 여신도회를 이끄는 등불과도 같은 존재였다. 그녀는 올리버 제임스도 다녔던 일요 성경 학교에서 피아노를 치고 아이를 돌보며 교회에 많은 도움을 주었다. 비록 알고 지낸 지는 꽤 오래였지만 개인적으로 교류하는 사이는 아니었기에, 어느 날 저녁 몹시도 추워하며 비참한 모습으로 자기네 현관 앞에 선 그녀를 보고 올리버는 조금 놀랄 수밖에 없었다.

"젠슨 부인! 이거 반갑네요. 어서 들어오세요."

그녀는 힘없는 미소를 지어 보였다.

"고마워요, 제임스 씨. 그런데 미리 말해두자면 반가울 일은 아니에요."

"네?"

올리버 제임스가 불안해하며 물었다.

거실 불가에 홍차 한 잔과 비스킷 접시를 놓고 앉자 그녀는 찾아온 이유를 설명했다.

"미안하지만 제임스 씨의 도움을 청해야 할 것 같아요."

젠슨 부인의 말에 올리버 제임스는 어리둥절해하며 말했다.

"물론 도와드려야죠."

"제임스 씨가 안 좋은 일을 당한 사람을 여럿 도와줬다는 얘기를 들었어요. 나도 불운한 상황에 처하게 되어서, 그 문제를 좀 상담해준다면 무척 고맙겠어요."

올리버 제임스는 고개를 끄덕였다.

"제가 좀 세세한 걸 잘 보는 것 같긴 합니다. 뭘 도와드리면 될까요?"

"성 베드로 교회에 도둑이 들었어요. 그런데 그게 전부 내 탓이랍니다!"

"부인이요? 어떻게 된 일인데요?"

젠슨 부인은 한숨을 쉬었다.

"우리 설교대 앞에 놓여 있는 대형 성서 기억하지요?"

"물론이죠."

올리버 제임스가 말했다. 문제의 성서는 교회의 보물 중 하나였다. 가로 45센티미터에 세로는 약 60센티미터 정도로, 아름다운 장식 문자와 여러 점의 수호 성자 판화가 든 17세기 유물이었다.

　"어느 악마 같은 작자가 거기서 제일 훌륭한 도판 십여 점을 잘라 뜯어갔어요. 그것도 내가 자리에 있는 동안에요! **바넷 목사님**이 토요일 밤에 일요 예배 준비를 하던 중 도난 사실을 발견했지요. 점심시간에 목사님이 세례식을 할 때는 확실히 멀쩡했어요. 그사이에는 내가 내내 청소하고 정리 중이었고요."

　젠슨 부인은 완전히 풀이 죽어 입을 다물었다.

　"오후 내내 교회 회당 안에 실제로 계셨어요?"

"네! 어, 거의 내내요. 모르는 사람이 기도하러 오면 방해가 되지 않도록 밖에서 정리를 하죠."

"그럼 도둑은 그 방문객들 중 한 명이겠군요."

올리버 제임스가 말했다.

"훔친 예술품을 찢어버리거나 구겨버릴 사람은 아무도 없을 거예요."

젠슨 부인은 잠시 생각을 정리한 다음 단정적인 어조로 덧붙였다.

"그건 말이 안 되니까요. 하지만 도면통이나 서류가방을 가져온 사람은 없었고, 날이 워낙 따뜻하다 보니 코트를 입고 온 사람조차 없었죠. 다시 들어가려고 기다리느라 사람들이 언제 나오나 내가 다 지켜봤어요. 훔친 도판을 끌어안고 뛰어나온 사람은 아무도 없었어요. 경찰은 별로 가망이 없다고 여기는 눈치예요. 마음이 너무 안 좋아요, 제임스 씨. 일단 용의자가 누구일지조차 제시할 수가 없어요."

"상황은 알겠습니다. 그날 오후에 왔던 방문객들은 기억하시겠어요?"

"어, 네. **이사벨라 루이스, 니콜 웨슬리언, 젊은 신혼부부, 지팡이 짚은 노인,** 불쌍한 **얼리 씨,** 그리고 **밝은 색 원피스** 차림의 여자요."

"불쌍한 얼리 씨요?"

"네. 부인이 죽은 이후로 예전 같지 않으세요. 사람이 좀 이상해지셨죠."

"아, 그럼 누가 옷 밑에 숨겨서 나간 것 같진 않으시단 거지요?"

"확실히 아니에요. 표가 났을 거예요. 그렇게 두꺼운 옷을 입은 사람은 아무도 없었어요."

"그럼 누가 용의자인지 알겠습니다, 젠슨 부인."

Hint

올리버 제임스가 말하는 사람은 누구일까?
숨길 공간

옷 아래 도판을 숨겼을 리는 없다는 젠슨 부인의 말이 옳다
면, 도판이 손상되지 않게 숨겨 나갈 곳은 딱 하나밖에 없
다. 노인이 말아서 속이 빈 지팡이 속에 숨긴 것이다. 경찰
이 결국 노인을 추적해 잡고 보니, 주로 변장을 하고 다니는
오십대 도둑이었다. 그는 노인 변장을 이용하여 몇 가지 예
술품을 훔쳤다. 도판은 무사히 성 베드로 교회로 반환되어
전시되었다.

미니어처 초상화
The Miniature

"얼마나 엉망인지 보면 알 거야. 물론 나는 아무것도 건들면 안 되겠지."

라일라 팔머는 응접실을 보며 얼굴을 찌푸렸다. 세 개의 캐비 닛에서 서랍 대여섯 개를 빼놨고, 거기 들어 있던 내용물이 바 닥에 온통 흐트러져 있었다.

"끔찍하네."

밀러 양이 말했다.

"메리 로버츠 미니어처를 노린 거야?"

라일라 팔머는 고개를 끄덕였다.

"어제 왔던 손님은 총 열 명이야. 의심하고 싶진 않지만 그중 누구라도 곧장 가지 않고 집 옆쪽 파티오 문으로 몰래 들어와서 그걸 가져갈 수 있었을 거야. 손님들이 전부 간 후에 밤중에 도둑이 들지 않은 건 거의 확실해. 그랬으면 개들이 짖었을 테니까."

"저녁 모임 중 있었던 일을 죽 얘기해주는 게 좋겠어, 라일라. 경찰이 오기 전에 생각을 정리하는 데도 도움이 될 테고."

"좋은 생각이야. 차 한 잔 마시자."

"고마워. 그럼 좋지."

몇 분 후, 뜨거운 홍차를 들고 밀러 양은 친구에게 전날 저녁 사건을 들었다.

"거실에 모여서 칵테일을 마셨어. 그다음에 저녁을 먹었지. 홀랜다이즈 소스 연어, 시금치를 곁들인 양 목살 필레, 그리고 이튼 메스(머랭에 딸기 등을 곁들인 영국 디저트 - 옮긴이). 네가 못 온 게 참 아깝네. 요리사 **레아 부인**이 정말 솜씨를 부렸어. 아무 튼 저녁을 먹고 나서 모두 한잔 하면서 응접실에서 미니어처를 구경했지. 장미꽃 꽃병이 놓여 있는 좀 높은 사이드 테이블에 꺼내 놨었어. **펠튼 교수**가 미니어처 초상화에 지식이 좀 있고, **오글소프 장군**이 특히 그림에 관심을 보였지. 다들 살펴본 후에 서서 잠시 잡담을 하다가, 내가 초상화를 정리해 넣고 거실로

자리를 옮겨서 마티스에 대해 열띤 토의를 나눴어. 한 시간쯤 지나 사람들이 슬슬 돌아가기 시작했지. 모두 가고 나서 남편과 나는 자러 갔어. 오늘 아침 메이드가 난장판을 발견하고 날 깨웠는데 그게 한 여섯 시간 전이야."

"흠. 설마 사람들이 내내 다 같이 있었던 건 아닐 테지?"

"어, 그럼, 당연히 아니지. 들고나는 걸 일일이 지켜보진 않았지만 **카리나 잉겔드**가 연어와 양고기 요리가 나오는 사이에 꽤 오랫동안 자리를 비운 게 기억나네. 또 누가 있더라? 그래, **펠튼 교수**, **저스틴 콜스**와 **페이튼 해처** 셋이 저녁을 먹고 서서 잡담을 나누는 동안 잠깐 나가 있었어. **앨리슨 목사**는 미니어처를 구경하던 끝 무렵에 나갔다가 나중에 거실에서 합류했고. **이사벨라 콜스**는 마티스에 대해 토론하던 중에 몇 분 자리를 비웠어. 아, 그리고 **랜돌프 해처**는 집에 가기 전에 **제숍 씨**를 찾아 돌아다녔지, 지난주에 그 집 지붕을 수리한 사람에 대해 물어보려고."

밀러 양은 고개를 저었다.

"라일라, 경찰에 급히 조사를 요청할 만한 꽤 확실한 후보자가 있어 보이네."

Hint

메리 밀러는 누구를 의심할까?
정보

라일라 팔머가 어느 서랍에 미니어처 초상화를 보관했는지
정확히 알지 못하는 사람은 딱 한 명, 앨리슨 목사뿐이다.
다른 사람들은 전부 그녀가 초상화를 넣을 때 그 자리에 있
었다. 초상화를 훔칠 때의 위험성을 고려하면, 굳이 필요 없
는 서랍을 뒤지며 소음을 내고 시간을 허비했을 리가 없다
고 추론해도 될 것이다. 미니어처 초상화는 이후 앨리슨 목
사의 집에서 찾아냈다. 그는 어마어마한 도박 빚과 무시무
시한 빚쟁이들에 시달리다 절박함에 절도를 한 것이다.

돕슨 가죽 공장
Dobson's Leatherworks

켈리 세일러는 슬픔을 훌륭히 견뎌내고 있었다. 올리버 제임스는 자신이 그녀의 입장이었다면 아마 엉망으로 횡설수설할 거란 생각이 들었다.

"정말 안됐습니다, 세일러 양. 그렇지만 어떻게 도와드릴 수 있을지 모르겠군요."

그녀는 힘없이 어깨를 으쓱했다.

"아버님 회사에서 돕슨 가죽 공장을 지었고 설계는 당신이 하셨죠."

"설마 제가 아버님을 살해했다고 의심하시는 건 아니겠지요?"

"아뇨, 아뇨, 물론 아니에요. 하지만 누구보다 거길 잘 아시잖아요. 혹시 뭔가 알아채실 수도⋯."

켈리 세일러는 힘없이 말끝을 흐렸다. 올리버는 한숨을 내쉬었다.

"그 프로젝트 기억납니다. 삼 년 전이었죠. 강가에서 제혁소 허가를 받고 폐수를 방류할 수 있는 부지를 찾는 일은 정말 악몽과도 같았어요. 그래서 버튼 지역 아래쪽에 있게 된 겁니다. 하지만 제가 배치를 하나하나 다 기억하는 건 아닙니다."

올리버는 잠시 입을 다물고 켈리 세일러의 비참한 얼굴을 쳐다보았다.

"그래도 제가 기억하는 게 있겠죠. 처음부터 말씀해주시면 어떨까요?"

그녀는 살짝 감사의 미소를 지었다.

"저희 아버지가 **잭 돕슨** 사장의 회사에서 일했다고 말씀드렸지요? 가죽 공장의 회계 관리자셨어요. 일주일 전, 장부와 재고의 숫자가 맞지 않는 걸 발견하셨죠. 사장에게 알리니 그냥 무시하더래요. 저희 아버지는 당신께서 옳다고 여기면 물러서지 않는 분이에요. 그래서 조사를 시작했죠. 나흘 전 저녁, 저와 저녁식사를 할 때 처음 발견한 사실을 증명해줄 조직적 부정의 증거를 확인했다고 말씀하셨어요. 다음날 일이 끝나고 그걸 들고 돕슨 사장에게 따지겠다고 하셨죠. 그 뒤로 집에 돌아오지 않으셨어요."

"무척 놀라셨겠습니다."

올리버의 말에 켈리 세일러는 고개를 끄덕였다.

"다음날 아침 경찰에 연락했어요. 그쪽에서는 살펴보겠다고 했죠. 이틀 후, 그러니까 어제 오후에 아버지 시신이 가죽 공장 옆을 흐르는 냄새 나는 강에서 발견되었어요. 경찰은 아버지가 사망한 지 열여덟 시간이 되었다고, 그러니 일요일 저녁에 돌아가신 걸로 추정했어요. 놀랄 일은 아니지만 경찰은 돕슨 사장을 조사하는 걸 주저하고 있어요. 영향력이 큰 사람이니까요."

"돕슨에겐 돈과 힘이 있으니까요."

"경찰을 밀어붙여 결국 조사에 나서게 했지만, 그 미꾸라지 같은 작자는 주말 내내 백 킬로미터 떨어진 지역에서 친지, 지인들과 있었다지 뭐예요. 아버지가 비상식적으로 굴어서 금요일 저녁에 해고했대요. 그리고 경찰이 아버지의 위에 위스키가 가득했다는 걸 발견한 거죠. 이제 경찰은 아버지가 금요일 밤에 술로 슬픔을 잊으려 했고, 그냥 술을 마시다가 일요일 밤에 강에 빠진 게 틀림없다는 거예요. 하지만 아버지는 술을 많이 드시는 분이 아니었고, 위스키는 특히 싫어하셨어요. 모든 게 수상해요. 아버지가 돕슨 사장의 횡령 사실을 발견해서 그가 아버지를 살해한 게 틀림없어요. 다만 어떻게 했는지 모르겠고, 경찰은 확실한 이유 없이는 추가 수사는 엄두도 못 내고 있어요. 돕슨 사장의 알리바이는 완벽해요."

올리버는 그녀의 손을 덥석 잡았다.

"아니, 모르시겠어요? 전혀 알리바이가 안 돼요!"

Hint

잭 돕슨의 알리바이에서 무엇이 문제일까?
강

올리버가 지적했듯이 가죽 공장은 강으로 폐수를 방출하고 있으므로, 강물에는 가죽 소재를 보존하기 위한 화학물질이 가득하다. 그런 환경에서 시체는 일반적인 상황보다 훨씬 늦게 부패하게 되니, 켈리의 아버지는 사망한 지 며칠이 되었을 수도 있다. 결국 세밀한 조사 결과 잭 돕슨 사장은 어마어마한 규모의 횡령이 발각되었다는 사실에 겁을 먹고 켈리의 아버지를 금요일 밤 살해하고 위스키 한 병을 들이부은 다음 강에다 버리고는, 그걸로 진실을 덮어 변호사들의 도움을 받아 혐의를 벗어날 수 있으리라 믿은 것이다. 당연히 그렇게 되진 않았다.

일찍 일어나는 새
The Early Bird

시신을 발견한 사람은 피해자 **몽고메리 캘러웨이**의 사무 비서 **카일라 화이트**였다.

"늘 아침에 제일 먼저 출근하는 분이셨어요."

그녀는 파나키 경감에게 말했다.

"아주 의지가 굳은 분이었죠. 저는 출근해서 인사를 드리러 들어갔어요. 그런데 캘러웨이 씨가 의자에 늘어져 있었고 가슴에 꽂힌 칼이 보이더라고요. 전 바로 기절했고, 정신이 들어보니 **메이슨**과 **월터**가 절 보살피고 있었어요. 이미 경찰들이 와 계셨고요."

그녀의 설명은 파나키 경감 본인의 현장 조사 결과와 일치했다. 몽고메리 캘러웨이는 아마도 전날 저녁 근무 시간이 지난

뒤 살해당한 듯했고, 여러 군데 찔린 것을 보면 살인자가 아무래도 아마추어일 것 같았다. 사무실에서 딱히 없어진 것은 없어 보였지만, 파나키 경감은 그 점은 일단 판단을 유보하기로 했다. 직원들이 들어와 살펴보면 뭔가 없어진 게 발견될지도 모른다.

"캘러웨이 씨는 상사로서 어떤 사람이었습니까?"

카일라 화이트는 어깨를 으쓱했다.

"다른 사람들하고 비슷했죠. 일을 많이 시키고 자기 뜻대로 안 되면 소리치고, 무시하고. 하지만 부러 불친절하거나 그러진 않았어요. 손버릇도 나쁘지 않아서 좋았고요."

"사무실의 다른 직원들은 어떻습니까? 메이슨과 월터라고 했었죠?"

메이슨 맥키니와 월터 오브리는 현장에 나가 판매 상황을 관리하는 담당이었다.

"네. 그리고 **대니얼**이 있어요. 지금은 출장 중이고요."

대니얼 태피어는 사무직원으로, 납품과 재고 관리를 담당했다. 몽고메리 캘러웨이의 일정표에 따르면 그는 일주일 내내 서머튼에 출장 중인 것으로 되어 있었다.

"그게 전부입니까?"

파나키 경감이 물었다.

"여기 근무하는 사람들은요, 네."

"고맙습니다. 큰 도움이 되었습니다. 마지막으로, 최근 행적을 말씀해주시겠습니까?"

그녀는 잠시 눈이 휘둥그레져 경감을 쳐다보았다.

"아, 네. 주로 버스를 타고 다녀요. 하숙집에서 여기까지 한 시간이 걸려서 평소대로 다섯 시 반에 일어나 아침을 먹고, 여섯 시 사십오 분에 버스를 탔죠."

"시간 내주셔서 고맙습니다."

메이슨 맥키니는 기름을 발라 잘 정돈한 머리와 훌륭한 정장 차림의 날씬하고 세련된 남자였다. 마치 당장이라도 춤출 듯 우아하게 움직였다.

"캘러웨이 씨는 제게 아버지 같은 분이셨습니다."

그가 파나키 경감에게 말했다.

"정말 충격이 큽니다. 처음 캘러웨이 사를 지금처럼 확장했을 때부터 십 년째 여기서 일해왔어요. 누가 그분을 죽이고 싶어 했을지 짐작도 가지 않는군요. 캘러웨이 씨는 날카로운 사업가였지만 부당한 분은 아니었어요. 제 행적이요? 아 네. 퇴근하고 곧장 친구들하고 같이 포커를 쳤습니다. 자정이 넘도록 거기 있었죠. 친구들이 확인해줄 겁니다."

마지막으로, 월터 오브리는 땅딸막하고 좀 더 나이든 남자로 피해자와 나이 차이가 많지 않았다. 머리는 대부분 벗겨졌지만 다정한 갈색 눈이 각진 얼굴의 인상을 누그러뜨려주었다.

"슬픈 일입니다."

그는 인사 대신 그렇게 말했다.

"캘러웨이 씨와 이십 년째 일했지요. 사업을 크게 시작하기로 결심했을 때도 곁에 있었고요. 최근에 일이 잘 풀리지 않아서 회사가 이 사건을 이겨낼 수 있을지 모르겠군요. 회사 문을 닫는다면 다른 직장을 찾기가 힘들 텐데. 좋은 팀이었지만, 회사가 비전을 잃으면 늘 힘들기 마련이니까요."

"캘러웨이 씨를 해치고 싶어 할 만한 사람 아십니까?"

파나키 경감의 물음에 월터 오브리가 답했다.

"아뇨. 전혀요."

"최근 행적을 말씀해주실 수 있을까요?"

"날씨가 나쁘지 않으면 일찍 나와 걸어서 출근합니다. 공원을 가로질러 프라이스 커피숍을 들러서 왔지요. 프라이스 커피숍의 **토미**가 절 기억할 겁니다. 늘 큰 커피를 사서 나오거든요. 오늘 아침엔 도넛도 먹었습니다. 그게 오전 일곱 시쯤일 겁니다."

"도움 주셔서 고맙습니다."

남자가 나가고 나자, 파나키 경감은 뒤로 기대앉아 파이프에 담배를 채웠다. 용의자를 더 찾아볼 필요는 없겠다고 파나키 경감은 생각했다.

Hint

파나키 경감이 의심하는 사람은 누구이며, 이유는 무엇일까?
행적

주 용의자는 메이슨 맥키니. 몽고메리 캘러웨이가 늘 가장 일찍 출근한다는 걸 다들 알았지만, 메이슨 맥키니는 파나키 경감에게 그날 아침이 아니라 전날 저녁 알리바이를 댔다. 이는 피해자가 전날 살해되었음을 그가 알고 있다는 의미고, 그 자신이 살인을 저질렀을 경우에만 알 수 있는 일이다. 파나키 경감은 메이슨 맥키니가 회사 돈을 횡령하고 있었음을 발견했고, 사실을 들이대자 메이슨 맥키니는 해고와 파멸을 피하기 위해 사장을 살해했고, 친구들에게 부탁해 알리바이를 만들었다고 자백했다.

아침의 살인

Murder at Breakfast

마커스 존스는 키가 크고 깡말랐으며 머리숱이 적은 남자였다. 첫인상은 당당했지만 옷차림에서 충격이 드러났다. 파자마 윗도리, 낡은 핑크색 카디건, 핀프린트 바지 그리고 축축한 진흙이 묻은 구두. 눈에도 약간 날이 서 있어 겉보기만큼 침착하지 않다는 것을 알 수 있었다.

"부엌에서 아내를 발견했습니다."

마커스 존스가 파나키 경감에게 말했다.

"어, 곧장 도움을 청했죠. 그리고 경찰분들이 도착하셨어요."

델핀 존스는 목을 졸려 살해당했고, 손가락에 남은 흰 자국을 보면 반지 몇 개를 빼간 모양이었다. 부엌문은 살짝 열려 있었고 뒷마당의 작은 문도 마찬가지였다.

"좀 더 상세하게 말씀해주실 수 있겠습니까?"

파나키 경감은 신경 써서 가볍고 듣기 좋은 어조를 유지했다.

"그전에는요?"

"그럼요. 어, 평소대로 아침 여덟 시쯤에 일어났습니다. 제가 씻고 면도하는 동안, 아내는 아침 준비를 하러 아래층으로 내려갔지요. 저는 옷을 입기 시작했고, 아내가 부르는 소리가 들린 것 같아서 마주 외쳤지만 대답이 없었습니다. 한 삼십 초쯤 후, 무슨 일인가 보려고 아래층으로 내려갔습니다. 또 달걀이 다 떨어졌다거나 뭐 그런 일인 줄만 알았어요. 부엌에 들어가 보니 아내가 뒷문 근처에 쓰러져 있는 겁니다. 마당 뒤 문밖 골목에 시커먼 형체가 지나간 거 같기도 한데 솔직히 확신은 못하겠습니다. 아직 비가 오고 있었을 때라 제대로 볼 수가 없었어요. 전 그대로 굳어버렸습니다. 도대체 이해가 되질 않

더라고요. 아내가 벌떡 일어나 '속았지!' 하거나 아니면 놀라게 해서 미안하다고 할 것만 같았어요. 그렇지만 아내는 움직이지 않았습니다. 숨을 쉬고 있지 않았어요. 그래서 전화로 도움을 청했죠."

파나키 경감은 고개를 끄덕였다.

"그다음에는요?"

"부엌에서 나와야 했습니다. 나와서 이층으로 가는 계단에 주저앉았죠. 시간이 어느 정도 지났는지는 모르겠습니다. 의사 선생님이 오시고, 그다음에 경찰분들이 오셨죠. 부엌을 안내해 드렸습니다. 금방 상황을 파악하더군요. 시간이 좀 더 지났고 그다음에 경감님이 오시고, 이렇게 이야기를 하게 되었죠. 우리 이야기하고 있는 거 맞지요?"

"맞습니다."

파나키 경감은 말했다.

"다행이군요. 말하면서도 긴가 민가 싶었거든요. 이상한 날입니다."

"부인에 대해 말씀해주시죠. 부인에게 라이벌이나 원한관계, 죽이고 싶어 할 만한 사람이 있었습니까?"

"어, 아뇨, 그럴 리가 있겠습니까? 아내는 무슨 대단한 사업가나 수상한 사기꾼이 아닙니다. 반은 시골 동네에서 자랐고 열여덟 살에 도시로 일자리를 구하러 왔답니다. 몇 년 후에 친구의 친구의 소개로 저와 만났고요. 그 일 년 후에 결혼했습니다.

그게 한 육 년 전쯤 일이군요. 가끔 이해가 느리고 좀 덤벙대기는 해도 전반적으로 잘 지냈습니다. 아이는 없고요."

"부인에게 취미나 다른 관심거리가 있었습니까? 친구분들은요?"

"어휴, 아뇨. 그런 거 없습니다. 아내는 조용하고 가정적인 타입이었어요."

"알겠습니다. 제가 제대로 이해했는지 확인해보죠. 선생님은 욕실에서 나와서, 아래층으로 내려가서 아내를 발견하셨습니다. 전화를 하고 복도로 돌아가서 계단에 앉아 있었고, 제가 여기 와서 거실로 모시고 왔지요. 맞습니까?"

"경감님 전에 먼저 온 경찰 분들에게 문 열어드린 거 말고는, 맞습니다."

"추가 조사를 위해 서까지 동행해주셔야겠습니다, 존스 씨."

마커스 존스는 어리둥절한 표정이었다.

"저요? 지금?"

"지금 당장."

파나키 경감은 단호히 말했다.

Hint

왜 파나키 경감은 남편 마커스 존스를 의심할까?
차림새

마커스 존스의 증언에 따르면 그는 오전 내내 집 안에만 있었다. 그러나 그의 신발은 축축한 진흙 투성이었고, 이는 그가 포장되지 않은 바깥 땅을 밟았다는 뜻이다. 실제로 마커스 존스는 상습적으로 아내를 학대해왔고, 아내가 자기를 무시한다는 상상에 폭발하여 아내의 목을 졸라 죽였다. 자신이 한 짓을 깨닫고, 침입자 짓으로 꾸미기 위해 아내의 반지를 빼내 감춘 다음 나가서 뒷문과 부엌문을 열어놓았다. 파나키 경감이 대문 옆 진흙 바닥에 난 발자국이 그의 신발과 일치한다는 점을 지적하자 마커스 존스는 자백했다.

재미로 읽는
추리소설의 기본 원칙

추리소설은 본질적으로 작가와 독자 간의 두뇌 게임이다. 작가는 이야기 안에 작은 실마리를 감춰두고 독자들에게 이 사건의 진실을 파악할 수 있겠냐고 도전한다. 그렇기 때문에 추리소설은 공정해야 한다. 작가가 일부러 필요한 정보를 감추거나 물리적으로 불가능한 트릭을 해결책으로 제시해서는 안 된다. 마지막으로 다 읽고 독자가 무릎을 탁 치며 감탄할 때 좋은 추리소설이라는 말을 들을 수 있다.

'공정한 추리소설'이라는 관점에서 추리소설의 대가들은 일찍부터 추리소설을 쓸 때 꼭 지켜야 하는 원칙들을 제시해왔다. 그중 S. S. 반 다인(본명 윌러드 헌팅턴 라이트, Willard Huntington Wright)의 20법칙, 로널드 녹스(Ronald Knox)의 열 가지 규칙 등이 유명하다. 물론 현대 추리소설에서는 많은 공식들이 깨졌지만 그래도 알아두면 추리소설을 더 재미있게 즐길 수 있다. 그리고 언젠가 본인이 추리소설을 쓸 때도 많은 도움이 되지 않을까? 여기서는 대표적으로 로널드 녹스가 1929년 발표한 열 가지 규칙을 소개한다.

로널드 녹스의
추리소설 쓰기의 열 가지 규칙

01. **범인은 이야기 초반부터 등장해야 한다**

　　갑자기 이야기 중간에 낯선 사람이 나타나 느닷없이 범인이라고 해서는 안 된다는 의미다. 범인은 맥락 없는 행동으로 독자들을 속여서도 안 된다.

02. **초자연적인 마력이나 물리적으로 불가능한 트릭을 동원해서는 안 된다**

마술사가 범인이라든지, 있지도 않은 과학 이론으로 인해 이런 범죄가 가능해졌다느니 하는 풀이로는 독자들의 공감을 끌어낼 수 없다.

03. **비밀스런 방이나 통로, 기계장치 설정이 과해서는 안 된다**

터무니없는 건축비가 들어가는 거창한 비밀장치가 있는 집을 단지 살인을 위해 지었다는 식의 전개는 현실성을 떨어뜨려 독자의 몰입도를 방해한다고 본 것이다. 하지만 일본 추리소설 작가 아야츠지 유키토는 관 시리즈에서 괴짜 건축가를 등장시켜 이 규칙을 깨고 있다.

04. 아직 발견되지 않은 독극물과 긴 설명을 필요로 하는 과학 장치 등은 쓰지 않는 것이 좋다

추리소설도 기본적으로 소설이다. 즉 재미가 있어야 한다는 말이다. 이야기의 재미는 보통 짜임새에서 나온다. 그런데 듣도 보도 못한 황당한 독극물이 나오거나 트릭에만 몰두하여 장황한 과학적 설명이 이어진다면 누가 그 책을 끝까지 읽을 수 있겠는가?

05. 주요 인물로 중국인이 나와서는 안 된다

로널드 녹스가 추리소설을 쓰던 당시에는 중국인에게 이상한 능력이 있다는 오해와 함께 도덕적으로 문제 있는 사람이 많다는 편견이 있었기 때문이다. 그래서 중국인이 범인일 가능성이 높아지므로 진정한 추리를 방해한다고 여겼다. 물론 이후 중국인이 중요인물로 등장하는 추리소설도 나온다.

06. 우연히 죽을 고비를 넘기는 탐정, 맥락 없이 직감이 맞는 추리는 피해야 한다

그냥 생각해봤더니 잃어버린 유서가 여기 있을 것 같다고 하거나 다른 사람은 다 발견하지 못한 증거가 운 좋게 탐정 발밑에 있었다는 식이어서는 안 된다. 번개 같은 영감에 따라 사건의 진실을 알 수는 있지만 그렇게 되기까지의 과정이 독자에게 설득력 있어야 한다.

07. 탐정이 범인이어서는 안 된다

이 규칙은 탐정이 진짜 탐정일 때만 적용된다. 그러나 애거서 크리스티는 이 원칙을 교묘하게 비틀어 멋진 작품을 써내기도 했다.

08. 단서가 발견되어 탐정이 알게 되면 독자에게도 곧 알려야 한다

추리소설은 작가와 독자와의 싸움이라고 했다. 그러나 이야기 속에서 작가가 중요한 단서를 탐정에게만 쥐어주고 독자에게는 숨긴다면 두뇌싸움 자체가 성립될 수 없다. 탐정이 무언가 중요한 것을 손에 넣었는데 아무에게도 말하지 않고 혼자 곰곰이 추리했다는 식의 이야기는 피해야 한다.

09. 탐정의 친구, 가령 셜록 홈스의 친구 왓슨 역은 숨김 없이 자신의 생각을 알려야 한다. 그리고 그의 지능은 독자보다 조금 낮아야 한다

추리소설에서 왓슨 역이 꼭 있어야 한다는 의미는 아니다. 그러나 탐정의 조수나 사건을 돕는 친구 역할이 나오는데 그들이 탐정처럼 똑똑하고 추리 실력도 뛰어나다면 이야기의 중심이 흔들린다. 왓슨 역의 비중은 권투 선수의 스파링 상대 정도여야 한다. 작품을 다 읽은 독자가 "작가한테 졌다. 하지만 나는 왓슨 같은 멍청이는 아니니까 다행이군"이라는 반응을 보이면 좋다.

10. 쌍둥이 또는 쌍둥이 정도로 닮은 사람이 나온다면 그 존재 이유를 알려야 한다

쌍둥이가 있다면 알리바이 조작이나 여러 가지 트릭을 쓰는 것이 간편하다. 그런데도 쌍둥이의 존재를 숨기고 막판에 알고 보니 꼭 닮은 둘이서 그런 사건을 벌였다고 하는 건 독자와의 두뇌싸움이 시작부터 공정하지 못하다.

추리소설의 미덕, 그것은 무엇보다 재미가 있어야 한다. 미스 마플, 포아로, 셜록 홈스 같은 매력적인 탐정이 등장하면 더 좋다. 너무 쉽거나 엉성한 범죄와 해결 과정은 독자들에 대한 예의가 아니다. 또한 독자들이 납득할 만한 과정과 해결 방법이 제시되어야지 '속았다'고 생각하게 해서는 안 된다.

초판 1쇄 발행 2016년 10월 21일
개정판 1쇄 발행 2023년 6월 15일

지은이 팀 데도풀로스
옮긴이 박미영
펴낸이 이범상
펴낸곳 (주)비전비엔피 · 비전코리아

기획 편집 이경원 차재호 정락정 김승희 김연희 박성아 김태은 박승연 박다정
디자인 최원영 허정수 이설
마케팅 이성호 이병준
전자책 김성화 김희정
관리 이다정

주소 우)04034 서울시 마포구 잔다리로7길 12 (서교동)
전화 02)338-2411 | **팩스** 02)338-2413
홈페이지 www.visionbp.co.kr
이메일 visioncorea@naver.com
원고투고 editor@visionbp.co.kr

등록번호 제313-2005-224호

ISBN 978-89-6322-210-3 04320
         978-89-6322-209-7 04320 (SET)

도서에 대한 소식과 콘텐츠를
받아보고 싶으신가요?